Aulis Antamaa

Nostalgiset naisartistit

Kustantaja: BoD – Books on Demand, Helsinki, Suomi

Valmistaja: BoD – Books on Demand – Norderstedt, Saksa

ISBN: 978-952-80-6800-6

Aluksi

Musiikkialan miesvaltaisuus on tosiasia edelleen. Sen huomaa vaikka tarkastelemalla radiokanavien soittolistoja tai myydyimpiä artisteja. Esimerkiksi Vain elämää -ohjelman ensimmäisillä kausilla mukana oli aina neljä mies- ja kolme naisartistia. Tähän jaotteluun kohdistetusta kritiikistä huolimatta tilanne on vain kärjistynyt, sillä viimeisimmillä tuotantokausilla ohjelmassa on ollut mukana viisi mies- ja kolme naisartistia.

Tämä teos esittelee ennen vuotta 1960 syntyneitä kotimaisia naisartisteja. Mukana on sekä edesmenneitä että edelleen uraansa jatkavia tekijöitä. Esittely noudattaa aakkosjärjestystä. Kompaktit tekstit sisältävät myös kuunteluvinkkejä laulajien tuotantoon.

Kirjoittaja laulaa karaokea, harrastaa soittamista ja kuuntelee musiikkia ahkerasti.

7

Armi Aavikko (1958-2002)

Pirkko Mannolan ohella Armi Aavikko oli laulavista misseistämme tunnetuin. Saatuaan vuoden 1977 Miss Suomi -kruunun kutreilleen Armi lähti mukaan Dannyn kesäkiertueelle, jossa hän kaavailtujen juontotehtävien lisäksi pääsi myös laulamaan. Menestystä pohjustamaan oli jo keväällä levytetty Armin ja Dannyn duetto *Tahdon olla sulle hellä*, josta tuli suuri hitti. Single myi kultaa ja nousi myyntilistojen kärkeen. Suomi-iskelmän hellyysaalto oli noussut. *Danny & Armi* -albumi ilmestyi vuonna 1978. Levyn hittejä olivat *Silloin vasta kaiken saan* sekä *Me vain*. Kesällä oli vuorossa *Danny & Armi laserajassa* -kiertue ja hiukan myöhemmin samanniminen TV-show. Vuonna 1979 ilmestynyt duon toinen pitkäsoitto ei ollut enää edeltäjänsä veroinen menestys, mutta Armi ja Danny jatkoivat yhteisiä esiintymisiä ravintoloissa ja laivoilla vuoteen 1995 saakka. He kävivät myös voittamassa Rostockin laulufestivaalit vuonna 1983.

Vuosina 1978-80 Armi esiintyi Finntastic-kokoonpanossa, jonka muut jäsenet olivat Danny,

Seija Paakkola ja Pepe Willberg. Vuonna 1981 hän sai kokeilla siipiään soololaulajana. Tuolloin levytettiin *Armi*-niminen albumi, jonka soitetuin kappale oli singlenäkin julkaistu *Iltaloma*. Vuonna 1993 Armilta ilmestyi kasetillinen lastenlauluja, joiden pohjalta hän teki myös oman show'n eläinhahmoineen. Kari Kuuvan sävellyksiin liittyviä levytyssuunnitelmia oli vielä vuonna 2001, mutta henkilökohtaisten ongelmia uuvuttama Armi Aavikko menehtyi seuraavana vuonna 43-vuotiaana.

Suosittelen kuunneltavaksi:

Horoskoopit, Iltaloma, Kanssasi on niin hyvä olla, Liian monta päivää, Me vain, Puhjennut on ruusu kukkaan, Radiotähti, Sunnuntaiaamu, Sä oot mun rakkaimpain

Eija Ahvo (s. 1951)

Näyttelijänäkin tunnettu Eija Ahvo voitti vuonna 1969 Juankoskella järjestetyn Tähtijahti-iskelmäkilpailun naisten sarjan. Teatterikoulun käytyään hän näytteli seitsemän vuotta Helsingin Kaupunginteatterissa, jossa tutustui kollegaansa Susanna Haavistoon. Ystävysten yhteistyö estradeilla on jatkunut pitkään. Työskentely säveltäjä Toni Edelmannin kanssa alkoi jo teatterikouluaikoina 1970-luvun puolivälissä. Ensimmäiset levytykset tehtiin Love Recordsilla, ja niistä tunnetuin on vuonna 1975 ilmestynyt *Halusin yksin olla* albumilta *Toni Edelmannin - lauluja*. Eija Ahvo on esiintynyt useiden eri kokoonpanojen kanssa ja tehnyt musikaali- ja ääninäyttelijän rooleja. Hän on myös opettanut laulua ja ilmaisutaitoa mm. Sibelius-Akatemiassa, ammattikorkeakouluissa ja musiikkiopistoissa.

Suosittelen kuunneltavaksi:

Annan sinut unelle, Armaan läheisyys, Elämä on kiitotie, Halusin yksin olla, Jälkeenpäin, Lasimaalaus, Lasinen vuori, Levottomat kädet, Uneksi, Väsyin ja läksin taas rannalle, Ystävät

Tuula Amberla (s. 1959)

Liikkuvat lapset -yhtyeen solistina uransa vuonna 1981 aloittanut Tuula Amberla kävi lapsena pianotunneilla ja lauloi koulun kuorossa. Liikkuvat lapset julkaisi kolme albumia vuosina 1983-86. Yhtyeen keikkaa vuonna 1984 kuuntelemassa ollut Jukka Alihanka innostui laulusolistin soundista ja tarjosi tälle levytettäväksi kappalettaan *Lulu*, josta tuli vuoden suurimpia hittejä ja ajan myötä klassikko. Amberla esitti Liikkuvien lasten kanssa rockia, ja *Lulun* tuoman menestyksen myötä hän kiersi laulamassa iskelmiä. Liikkuvien lasten hajottua rock-ohjelmiston esittäminen jatkui kokoonpanossa Tuula Amberla & the Conventionals, joka julkaisi yhden pitkäsoiton vuonna 1987. Sooloura levytyksineen ja keikkoineen on jatkunut uudelle vuosituhannelle, vaikka laulajan päätyö onkin ollut kirjastossa.

Suosittelen kuunneltavaksi:

Korppi, Kuun poika, Lona, Lulu, Näin unta rakkaudesta, Olet siinä, Oodi miehelle, Sinut haluan, Tyttö kampaa märkää tukkaa, Varjokuvat, Viettelyksen vaunu

Anki (1945-2007)

Toinen sija Nuorten tanssihetki -laulukilpailussa siivitti Ankin askeleet kohti levytysstudiota. Ensimmäinen single *Neiti yksinäinen/Olkoon niin* ilmestyi vuonna 1962. Laulelmiin ja folkmusiikkiin mieltynyt laulaja esiintyi kokoonpanoissa Anki, Bosse ja Robert sekä Cumulus. Uraan kuului 1960-luvulla myös iskelmällisempi ja popahtavampi vaihe, jolloin Anki oli yksi maamme suosituimmista artisteista. Vuosikymmenen loppupuolella hän teki kesäkiertueet sekä yksin että Dannyn, Kirkan ja Eero Raittisen kanssa. Vuonna 1969 Anki oli mukana *Hair*-musikaalissa Svenska Teaternissa. Syksyn Sävel -kilpailuun hän osallistui useita kertoja sekä soololaulajana että Cumulus-yhtyeen kanssa. Anki on säveltänyt ja sanoittanut runsaasti omaa tuotantoaan. Esiintymiset ja levytykset jatkuivat, vaikka myöhemmin päätyö olikin FST:n toimittajana televisiossa.

Suosittelen kuunneltavaksi:

Ankin valssi, Ei toivu milloinkaan, Hetken legenda, Hän kahlaa kanssasi halki tulppaanien, Katoavaisuus, Kaupungin aamu, Keltä saan vastauksen, Laulu kuolleesta miehestä, Marie,

Ne kesäyöt, Niin aikaisin, On kaupunkimme sateinen, Päivän viimeinen laulu, Robin, Samarkandiin ehkä tiesi vie, Sireenit, Skuggan, Sua hyvästelen, Sydämeni on yksinäinen saari, Varjot, Yhdessä illalla taas, Yön väistyessä, Älä usko kesätuuleen

Ann-Christine (s. 1944)

Voitto levy-yhtiö Scandian Kulttuuritalolla järjestämässä laulukilpailussa vuonna 1961 poiki Ann-Christinelle levytyssopimuksen. Ensimmäisestä levytyksestä *Lalaika* tuli hitti keväällä 1962. Sitä seurasivat pirteän popahtavat levytykset, joista suuri hitti oli vuonna 1964 ilmestynyt *Odota en*. Seuraavana vuonna tyyli muuttui yllättävänkin rockahtavaksi, kun taustayhtyeinä toimivat mm. Islanders ja The Renegades. Vuonna 1966 oli vuorossa euroviisuedustus Ossi Runnen sävellyksellä *Playboy*, josta tuli laulajan tunnetuin kappale. Viisujen jälkeisen kesän Ann-Christine kierteli esiintymässä ympäri Ruotsia Gunnar Wiklundin, Cornelius Vreesvijkin sekä Sting Brassin yhtyeen kanssa. Viimeiset levytykset ilmestyivät vuonna 1969, ja esiintymiset jatkuivat vuoteen 1973.

Suosittelen kuunneltavaksi:

Anteeks' vaan, Kun twistataan, Lalaika, Liian monta päivää, Meren rantaan, Never Gonna Work, Odota en, Pata-pata, Playboy, See See Raider, See Saw, Soita minulle

Ami Aspelund (s. 1953)

Lähtölaukaus laulajan ammattiuralle tapahtui, kun Ami pääsi mukaan Dannyn kesäkiertueelle vuonna 1973. Jo tätä ennen hän oli esittänyt folkmusiikkia kotikaupungissaan Vaasassa ja opiskellut laulua Helsingin konservatoriossa. Ensisinglellä julkaistu *Apinamies* oli vuoden 1973 suuria hittejä, ja siitä monet muistavat laulajan edelleen. Vuonna 1974 ilmestyi *Ami*-niminen pitkäsoitto, jonka hittejä olivat *Kuinka voi nyt hän, Käy luonain eilinen ja Tänään huipulla*. Ami Aspelund on esittänyt ja laulanut monipuolista ohjelmistoa. Levytetystä materiaalista löytyy iskelmän lisäksi jazzia, kansanmusiikkia, laulelmaa, gospelia, soulia ja sävellettyä lyriikkaa. Musikaalirooleja on ollut useissa eri teattereissa, ja show-esityksiä sekä musiikkiteatteria Ami on tehnyt yhdessä sisarensa Monica Aspelundinkin kanssa. Cascade-yhtyeessä Ami lauloi ja levytti albumillisen verran popmusiikkia ja soulia 1970-luvun puolivälissä. Euroviisuissa osui edustusvuoro vuonna 1983 kappaleella *Fantasiaa*. Sen lisäksi Ami voitti Rostockin laulufestivaalit vuonna 1981 ja Knokken laulukilpailut Belgiassa vuonna 1985. Ami on säveltänyt ja sanoittanut runsaasti omaa tuotantoaan.

Suosittelen kuunneltavaksi:

Ja rakastan vielä, Koska sun taas nähdä saan, Kuinka voi nyt hän, Kunnes uudestaan, The Light, Mitt äppelträd, Nuoruuteni on ohi, Päivä kaunein on tullut, Sama kohtalo, Stjärnan, Tänään huipulla, Vägen till lyckan

Monica Aspelund (s. 1946)

Monica Aspelund voitti 11-vuotiaana kolmet iskelmälaulukilpailut lastensarjassa. Vuonna 1960 14-vuotias laulaja levytti ensimmäisen singlensä *Katso, kenguru loikkaa/Kaupungilla juorutaan*. A-puolen kengurulaulusta tuli vuosien varrella lastenlauluklassikko. Vuoteen 1966 mennessä Aspelundilta ilmestyi useita singlejä, mutta vasta seuraavana vuonna hän jäi pois mainospiirtäjän töistä ja ryhtyi päätoimiseksi laulajaksi. Vuoden 1973 Monica Aspelund vietti Ruotsissa Family Four -yhtyeen jäsenenä, ja seuraavana vuonna levytysura jatkui Suomessa. Yhteistyö Aarno Ranisen kanssa tuotti ravintolashow-esityksiä, muutaman albumin ja osallistumisia euroviisukarsintoihin. Vuonna 1977 *Lapponia* voitti karsinnat ja edusti Suomea Lontoossa. Heti seuraavana vuonna oli vuorossa Interviisut Aarno Ranisen sävellyksellä *Kultaa ja hopeaa*. 1970-luvun loppu oli vilkasta aikaa, ja esiintymisiä oli myös ulkomailla. Vuosikymmenen vaihduttua laulaja vetäytyi julkisuudesta perhesyiden vuoksi ja muutti Floridaan, jossa hän myös esiintyi jonkin verran. Vuonna 1986 oli vuorossa hiukan pidempi piipahdus kotimaassa, kun Aspelund vieraili Helsingin kaupunginteatterin *Cats*-musikaalissa. Monica Aspelund on säveltänyt muutamia omia levytyksiään ja ollut ahkera sanoittaja. Hän on laulanut mieluiten jazzia ja ikivihreitä, esiintynyt UMOn solistina ja tehnyt musiikkiteatteria. Yhteisiä projekteja on ollut myös Ami-sisaren kanssa.

Suosittelen kuunneltavaksi:

Bluesette, Hasta mañana, High-Heeled Shoes, Jodel Boogie, Jojk, Laponie, Lush Life, Maailman täysi aikaa, Memory, Par avion, Rajamaa, So bist du, Sulla toinen nyt siis on, Sä mulle päivänpaisteen toit, Talita kuum

Pirjo Bergström (1939-2011)

Sibelius-Akatemiassa laulua ja pianonsoittoa opiskellut sekä runsaasti puolisonsa Matti Bergströmin kanssa yhteistyötä tehnyt Pirjo Bergström oli tuottelias muusikko, säveltäjä ja sovittaja, mutta hän keikkaili myös laulajana 1960-luvulla ja levytti 1970-luvulla pari singleä. Helsingin Kaupunginteatterissa hän oli mukana musikaaleissa *Cats* ja *Sound of Music*. 1990-luvun puolivälistä alkaen Pirjo Bergström esiintyi ja levytti Old Time Jazz Bandin solistina jazzia ja gospelia.

Suosittelen kuunneltavaksi:

Dustin, Hauskemmat herrat, Ikimetsä, Nuku nuku lapsikulta, Pitkätukka rakastettuni, Posket hehkuu ja haitari soi, Rouva Paavali, Suudelmin suljetut kirjeet

Berit (s. 1949)

Heleä-ääninen Berit voitti 14-vuotiaana iskelmälaulukilpailut Hankasalmella ja pääsi Matti Valkosen yhtyeen solistiksi. Muutettuaan Jyväskylään hän keikkaili Pertti Niskavaaran yhtyeen solistina päivätyönsä ohella. Vuonna 1969 ilmestyi ensimmäinen single *Katulyhdyt/En pakoon juosta voi*, minkä jälkeen laulamisesta tuli päätoiminen työ. Koko 1970-luvun ajan ilmestyi pitkäsoittoja tasaiseen tahtiin ilman isompia hittejä. Seuraavalla vuosikymmenellä tuli jo suurempaa menestystä, kun vuonna 1983 ilmestynyt *Tässä nyt ja näin* -albumi myi kultaa, ja Syksyn Sävel -kilpailuun osallistunut *Sinä olet hän* -kappale nousi listahitiksi. Seuraavana vuonna myös kilpailukappaleen ympärille koottu albumi ylsi kultalevymyyntiin. Myöhemminkin on ilmestynyt pitkäsoittoja, joista viimeisin on vuonna 2005 ilmestynyt Topi Sorsakosken tuottama lattarihenkinen *Kosketathan mua*. Berit on kiertänyt tanssilavoja ahkerasti vuosien varrella ja levyttänyt Dallapé-orkesterin kanssa kaksi humppalevyä.

Suosittelen kuunneltavaksi:

Helli mua hiljaa, Häilyvyys, Eilinen, Elämää vain, Ethän aio pettää mua, Fernando, Hurmio, Jo villihanhet lentää pois, Katulyhdyt, Kenen luona olet nyt, Niin se käy, Osa pienen pieni vain, Rakkauden jälkeen, Rakkaus voittaa, Ring ring, Stop!, Tähtikesä, Viimeinen ilta

Bon Bon

Lauluduo Bon Bon ponnahti esiin discomusiikin kulta-aikoina 1970-luvun lopulla. Kaksikon muodostivat Nina Keres (s. 1959) ja Outi Lindgren (s. 1959), jotka olivat tutustuneet toisiinsa Steiner-koulun musiikkiluokalla. Vuonna 1976 tytöt pääsivät esiintymään APU-lehden Iskelmähaavi-kiertueelle ja päätyivät myös levyttämään kiertueen pohjalta levytetylle kokoelmalevylle. Espanjalaisen Baccara-duon lyötyä läpi EMI-yhtiössä kehiteltiin suomalaiseksi vastineeksi Bon Bon, joka levytti vuonna 1978 duon nimeä kantavan albumin. Eniten radiosoittoa saivat kappaleet *Laulaen sateessa* ja *Läpinäkyvää*. Samana vuonna kaksikko oli mukana Sopotin laulufestivaaleilla ja seuraavana vuonna vielä Markku Aron kesäkiertueella, mutta sen jälkeen opinnot kutsuivat ja musiikkiala sai jäädä. Vuonna 2011 duon levytykset ilmestyivät CD-levyllä.

Suosittelen kuunneltavaksi:

Anna pala sydäntäs, Haavein, Laulaen sateessa, Läpinäkyvää, Niin paljon kuuluu rakkauteen, Yksi yö

Camilla (s. 1950)

Nuorena aloitetut kitaratunnit sekä lauluopin-not Maija Hapuojan ja Anita Välkin oppilaana loivat pohjaa Camillan musiikkiuralle. 1970-lu-vun alusta alkaen hän teki tanssilavakeikkoja ja pääsi levyttämään vuonna 1978, jolloin ilmestyi single *Tien selvemmin nään/Vie vain*. Kummastakaan kappaleesta ei tullut hittiä, mutta A-puoli soi jonkin verran radiossa, ja sitä kuulee silloin tällöin edelleen. Vuoden 1978 Syksyn Sävel -kilpailuun Camilla osallistui Hectorin sävel-tämällä ja sanoittamalla kappaleella *Vain muuan mies*. Laulu ei selvinnyt loppukilpailuun, mutta se ilmestyi Syksyn Sävel -kappaleita sisältävällä kokoelmalevyllä sekä vuonna 1981 il-mestyneellä Camillan ainoalla sooloalbumilla *En unta saa*. Laulaja itse ei saanut vaikuttaa pit-käsoittonsa sisältöön ja hän oli tyytymätön lop-putulokseen. Hän purki levytyssopimuksen ja lopetti iskelmäuransa. Camillan tunnetuimpia levytyksiä on vuonna 1979 ilmestynyt *Colo-rado*, joka on käännösversio Alankomaiden eu-roviisusta. Iskelmäuran jälkeenkin laulu on säi-lynyt mukana tekemisissä. Camilla on laulanut mm. kokoonpanoissa Doctor Music, Laulu- ja

soitinyhtye Cantianni, Laulu- ja soitinyhtye El-
lipsi sekä Trio Ilcama.

Suosittelen kuunneltavaksi:

*Aina kun niin teen, Heinäkuu, Laulu menneille
vuosille, Tavataan uudestaan, Tien selvemmin
nään, Usko en ihmeisiin, Vain muuan mies, Vie
vain*

Carola (1941-1997)

Carola oli viihdemusiikin hienostunut aristo-
kraatti. Hän kuului oikeastikin suomenruotsa-
laiseen aatelissukuun. Artistin mielimusiikkia
olivat jazz, soul ja laulelmat, ja hän pääsi jo en-
nen levytysuransa alkua esiintymään Esa Peth-
manin orkesterin kanssa sekä koti- että ulko-
mailla. Vuonna 1963 laulaja kiersi Euroopassa
Hazy Osterwaldin orkesterin solistina, ja sa-
mana vuonna ilmestyi ensilevytyksenä *Hava
Nagilah*. Ensimmäinen suuri hitti oli vuonna
1966 ilmestynyt *Kielletyt leikit*, joka soi ikivih-
reänä edelleenkin. Carola erottui useimmista
muista suomalaisartisteista aistikkaan ja sär-
mikkään äänensä ansiosta. Hänessä oli kansain-
välistä karismaa ja poikkeuksellista musikaali-
suutta. Hän esiintyi ja levytti useilla eri kielillä.
Tyyliltään hän sopi tanssilavoja paremmin yö-
kerhoihin ja show-esityksiin. Lukuisista televi-
sioesiintymisistä on jäänyt talteen runsaasti tal-
lenteita. Kymmenen vuotta kestäneen hektisen
uraputken jälkeen Carola vetäytyi julkisuudesta
ja palasi musiikin pariin 1980-luvulla, jolloin hä-
neltä ilmestyi kaksi pitkäsoittoa vuosina 1980 ja
1985. Hän esiintyi noihin aikoihin mm. UMOn

solistina. Varhaisessa iässä ilmaantunut alzheimerin tauti vei Carolan mennessään. Monet suunnitelmat jäivät kesken, mutta laadukkaista tallenteista monet elävät vieläkin.

Suosittelen kuunneltavaksi:

En automne a Paris, Agua de beber, Canto de ossanha, The Flame, Gryning - skymning, Herrojen kanssa pellonlaidassa, Hunajainen, Flickan från Ipanema, Jerusalem, Joet tulvimaan itke, Jostain vielä laulun kuulen, Kielletyt leikit, Meren laulu, Nuori tumma, Ota tai jätä, The Poem, Rakkauden jälkeen, Sen pituinen se, Sydämeen jäi soimaan blues, Upa neguinho, Vastakohdat, Voi kun olis roska, Work Song

Eija Sinikka (s. 1952)

Lupaus tuurata sairastunutta ystävää laulusolistina toimi alkusysäyksenä Eija Sinikan lauluuralle. Vuonna 1970 ilmestyi ensisingle *Saa kesä kaiken muuttumaan/Sä siinä onnistuit*. Levytys ei herättänyt suurempaa huomiota, ja laulaja vietti sen jälkeen pari vuotta au pairina Englannissa. Palattuaan Suomeen Eija Sinikka pääsi levyttämään ensimmäisen pitkäsoittonsa *Kanssasi sun* vuonna 1973. Levyn nimikappaleesta tuli hitti, jota soitetaan edelleen radiossa. 1970-luvun menestyksiä olivat myös *Kuuma kesä kanssain jaa* ja *Näin käydä voi vain vaarille*. Vuosikymmenestä toiseen ahkerasti tanssikeikkoja tehnyt Eija Sinikka saavutti kultalevymyynnin vuonna 1976 ilmestyneellä albumillaan *Rantamökissä*. Vuonna 1977 hän esiintyi Urho Kekkosen virallisella vastaanotolla, ja Uuden Iloisen Teatterin esityksissä hän oli mukana vuonna 1979.

Suosittelen kuunneltavaksi:

Anna laulun lohduttaa, Hunajaisin huulin, Kanssasi sun, Kuuma kesä kanssain jaa, Lintu ja lapsi, Mannekiini Manninen, Näin käydä voi vain vaarille, Saa kesä kaiken muuttumaan,

Sambario, Sen vain tuntee, Uskon rakkauden voimaan, Vain näkemiin, Vesipisaroiden laulu, Viimeinen kevät

Rita Elmgren (1929-2003)

Sacy Sandyn ohella Rita Elmgren edusti Suomeen 1950-luvun alussa rantautunutta lattarimusiikin buumia. Elmgren esiintyi Kullervo Linnan yhtyeen solistina. Hän myös näytteli ja toimi orkesterinjohtajana. Teatteriopintoja hän suoritti kotimaan lisäksi Ruotsissa ja Tanskassa. Laulajan persoonallisessa äänessä on eksoottista temperamenttia yhdistettynä suomenruotsalaiseen aksenttiin. Levytyksiä ilmestyi vajaat kuusikymmentä 1950-luvulla. Radiossa Elmgren esiintyi usein Leif Wagerin ja Börje Lampeniuksen kanssa.

Suosittelen kuunneltavaksi:

Afrikan tähti, Aurinkoinen Rio, Babalu, Cowboy blues, Delfiinipoika, Hän sanoi vain si si, Josef Josef, Kolmen sepän rumba, Kuutamolla kahden, Lemmi mua, Malaguena, Mambo Bacan, Mambo Pepito, Marcellino, Maruzella, Näinä päivinä, Ota tai jätä, Patricia, Päivän työ, Rakkauden satu, Rita, Venezuelan yö, Viidakon rummut

Kike Elomaa (s.1955)

Kehonrakentajana julkisuuteen noussut Kike Elomaa lauloi jo nuorena erilaisissa tilaisuuksissa ja opiskeli musiikkiopistossa lukioaikoinaan. Vuonna 1982 ilmestyneen ensimmäisen singlen B-puolella oli kappale nimeltä *Kunto nousee sullakin*, joka oli duetto Juha Vainion kanssa. *Hymykuopat*-albumi valmistui vuonna 1985. Sen jälkeen on ilmestynyt viisi pitkäsoittoa, joista viimeisin vuonna 2008. Lisäksi Elomaalta on julkaistu kaksi kokoelmaa: *Nostalgiaa* vuonna 2011 ja *Suomi on mun maa vuonna* 2017. Elomaa keikkaili aktiivisesti reilut parikymmentä vuotta, minkä jälkeen hän on keskittynyt politiikkaan.

Suosittelen kuunneltavaksi:

Aamuseitsemään, Johnny, Lui, Malja elämälle, Mitä haluut vain, Padam, Penkki puu ja puistotie, Vanha tie

Tuulikki Eloranta (s.1946)

Tuulikki Eloranta aloitti keikkailun vuonna 1966 päästyään koelaulun kautta Veikko Ekströmin yhtyeen solistiksi. Ammattimaiset esiintymiset alkoivat laulajan siirryttyä Harri Halmeen yhtyeen solistiksi. Ensimmäinen single *Vihreämmältä ruoho näyttää/Itse tahdoithan näin* ilmestyi vuonna 1968. Eloranta sai kiinnityksen Love Recordsille M.A. Nummisen suosiollisella vaikutuksella 1970-luvun taitteessa. Ensimmäinen single Love Recordsilla ilmestyi vuonna 1970 ja ensimmäinen pitkäsoitto vuonna 1973. Laulaja oli levy-yhtiönsä outolintu, sillä rockmusiikkiin painottunut Love Records ei juurikaan panostanut perinteiseen viihdemusiikkiin. Eivät Elorannan levytyksetkään olleet aivan perusiskelmää, vaan lähempänä laulelmaa. Niinpä suuria iskelmähittejä ei syntynyt. Laulaja ei viihtynyt tanssilavoilla, vaan esiintyi mieluummin ravintoloissa ja yökerhoissa. Hän kiersi omilla ravintolashow-ohjelmillaan ympäri maata, ja osa näistä esityksistä myös televisioitiin. Vuonna 1982 Tuulikki Elorannan ura katkesi dramaattisesti kolmen vuoden ajaksi. Hän oli valmistautumassa suureen kesäshow-kiertueeseen, jossa oli mukana sirkus. Laulaja loukkaantui vakavasti norsun tönäistyä häntä. Paluun jälkeen aika oli muuttunut. Ravintolashow-kulttuuri oli tullut tiensä päähän, ja tarjolla oli perinteisiä tanssikeikkoja. Keikkailu jatkui vaihtelevasti 90-luvun puoliväliin saakka. Tuulikki Eloranta oli omimmillaan yökerhoviihdyttäjänä kohtalokkaiden balladien ja laulelmien parissa. Edelleen radiossa soi hänen tunnetuin levytyksensä, Rauno Lehtisen säveltämä ja sanoittama *Silloin kun kaiken antaa.*

Suosittelen kuunneltavaksi:

Jäljet hiekassa, Kaikki kuuluu elämään, Rakkaimpasi tähden, Saan olla yksin, Silloin kun kaiken antaa, Vain unen omistin, Yli rajojen, Yli vuorien yli merien

Susanna Haavisto (s.1957)

Näyttelijänä uransa aloittanut, mutta jo pienestä pitäen laulanut Susanna Haavisto lauloi ja levytti ammattilaisena ensimmäisen kerran ollessaan mukana Helsingin Kaupunginteatterin *Laulusi elää, Brel!* -lauluillassa. Esityksen pohjalta julkaistiin kaksi LP-levyä vuosina 1984-86. Ensimmäinen sooloalbumi *Huomenna sinä tulet* ilmestyi vuonna 1985, ja sen myötä Haavisto kiersi myös keikkailemassa. Seuraavana vuonna oli vuorossa edustus Knokken laulukilpailuissa. Monien albumijulkaisujen ohella Haavisto on esiintynyt usein Eija Ahvon kanssa sekä laulanut mm. Esa Helasvuon yhtyeen, Lenni-Kalle Taipale Trion ja Trio Töykeiden solistina. Haavisto on sanoittanut runsaasti omaa laulutuotantoaan. Vuonna 1995 hän käsikirjoitti Helsingin Kaupunginteatterissa ensi-iltansa saaneen, puolisonsa Juha Tikan säveltämän pienoismusikaalin *Kraanat auki!*, jossa hän esiintyi yhdessä Eija Ahvon kanssa.

Suosittelen kuunneltavaksi:

Ala vetää vaan, Carpe diem, Ero, Et ennen mua herätä saa, Etsin, Herra kuu, Irmeli ulkoilee, Joka pojalla on siivet, Kadonnut tie, Kaipaus,

*Minä katson sinut, Odotusta Pariisissa, On
kyyhkynen erehtynyt, Pieni mies, Rantaviiva, Si-
nut maalasin, Vesi joka palaa, Viidakon ilta, Ys-
tävät*

Kristiina Halkola (s. 1945)

Näyttelijänä ja poliitikkona tunnettu Kristiina Halkola tuli esiin laulajana vuonna 1966 ilmestyneessä elokuvaklassikossa *Käpy selän alla*, jonka kappaleista *Laulu rakastamisen vaikeudesta* ilmestyi myös singlenä B-puolellaan *Laulu kuolleesta naisesta*. Halkola oli aktiivisesti mukana poliittisessa laululiikkeessä. Vuonna 1971 Love Records julkaisi hänen sooloalbuminsa *Täytyy uskaltaa*, joka sisältää mm. ikivihreät laulut *Ei puolikasta* ja *Jos rakastat*.

Suosittelen kuunneltavaksi:

Baskipappi, Ei puolikasta, Jos rakastat, Julian Grimau, Laulu rakastamisen vaikeudesta, Laulu siirtotyöläisestä, Oppimisen ylistys, Pajupilli, Sinun lapsesi, United Fruit

Laila Halme (1934-2021)

Parhaiten Laila Halme muistetaan Suomen edustajana Eurovision laulukilpailuista vuonna 1963 kappaleella *Muistojeni laulu*. Kyseisen vuoden viisukarsinnat ovat jääneet joidenkin mieleen siksi, että alun perin *Muistojeni laulun* esittivät Marjatta Leppänen ja Irmeli Mäkelä, mutta lopulta levy-yhtiösedät valitsivat Laila Halmen Lontooseen matkaavaksi kilpailuedustajaksemme. Laila Halmen ensilevytys *Kaunis Rakkaus/Kuun kultaa* ilmestyi vuonna 1959. Säestäjänä toimi Olli Hämeen orkesteri. Seuraavana vuonna ilmestynyt single *Kitara ja meri/Linnunrata* myi hyvin, ja Halme alkoi keikkailla myös Olli Hämeen orkesterin solistina. Vuonna 1963 ilmestynyt single *Tuuli viedä saa/Pois suru jää* nousi iskelmätilastojen kärkeen. Halmen aktiiviura laulajana jäi melko lyhyeksi, sillä vuonna 1963 ilmestyivät viimeiset singlet. Vuonna 2002 ilmestyi *Hetki muistoille* -niminen cd-levy, jolla Halme laulaa englanninkielisiä ikivihreitä poikansa Jussi Halmen trion säestämänä. Laulaja oli euroviisuedustuksensa jälkeen myöhemminkin pari kertaa tekemisissä euroviisujen kanssa: Vuonna 1987 hän juonsi viisukarsinnat yhdessä Lasse Mårtensonin kanssa, ja vuonna 1990 hän sanoitti kappaleen *Katsot yötä tummaa*, jolla hänen poikansa osallistui euroviisukarsintoihin.

Suosittelen kuunneltavaksi:

Jeriko, Kaunis morsian, Kaunis rakkaus, Kerran, Kitara ja meri, Kuun kultaa, Milord, Muistojeni laulu, Neljä sydänsurua, Pois suru jää, Rakkain, Sadun sininen lintu, Surujen kitara, Telstar, Tuuli viedä saa

Hanne (1954-2010)

Parhaiten Hanne muistetaan kahdesta suuresta hitistään *Verushka* (1976) ja *Hän on mun* (1977). Levytysura alkoi laulajalle itselleenkin hiukan yllättäen, kun ystävän poikaystävä oli salaa lähettänyt levy-yhtiöön kotona tehtyjä demonauhoituksia, joilla Hanne lauloi ja säesti itseään kitaralla. Keikkailu Hätävara-yhtyeen solistina alkoi vuonna 1975. Hannen tavaramerkiksi muodostuivat rempseän oloiset humppaiskelmät. Hän levytti *Kulkurin kulta* -nimisen pitkäsoiton yhdessä Irwin Goodmanin kanssa vuonna 1979. Viimeinen pitkäsoitto on *Rakkain ihminen* vuodelta 1982.

Suosittelen kuunneltavaksi:

Antaa mennä murheen päivät, Ding-a-dong, Fuatino, Hasta mañana, Jurtti, Kaikilla muilla on kulta, Kundi viitostieltä, Mä olen vapaa, Olet ystäväin, Siitä vain, Verushka, Yksi hopeinen rupla

Harmony Sisters

Harmony Sisters oli syntyessään Suomen ensimmäinen lauluyhtye, ja sen muodostivat maamme ensimmäiset ammattimaiset naisviihdetaiteilijat. Maire (1916-95), Raija (1918-97) ja Vera Valtonen (1914-97) esiintyivät jo nuorina Pelastusarmeijan tilaisuuksissa. Lauluyhtyeenä sisarukset esiintyivät ensimmäisen kerran Kotkan Seurahuoneella vuonna 1934. Ura eteni nopeasti, sillä vuonna 1935 trio lauloi jo Yleisradiossa ja vuonna 1936 Dallapé-orkesterin solistina. Vuonna 1937 trio aloitti pitkäaikaisen yhteistyön George de Godzinskyn kanssa, ja samana vuonna ilmestyi myös menestyskappale *Sataman valot*. Sodan aikana Harmony Sisters kiersi esiintymässä rintamilla kotimaan lisäksi Saksassa, Bukarestissa, Varsovassa ja Riiassa. Trio kävi noihin aikoihin myös levyttämässä Ruotsissa ja Saksassa. Sodan jälkeen Harmony Sisters teki yhteistyötä Toivo Kärjen kanssa. Sisaruksista Maire ja Raija levyttivät myös sooloartisteina. Parempien työtilaisuuksien vuoksi trio asettui muutamaksi vuodeksi asumaan Ruotsiin, jossa siitä tuli varsin suosittu. Yhtyeen viimeinen levytys ilmestyi vuonna 1956, mutta satunnaiset esiintymiset jatkuivat 1980-luvulle saakka.

Suosittelen kuunneltavaksi:

Ain' laulaen työtäs tee, Amor amor, Cheek to Cheek, Där näckrosen blommar, Flamingo, Hymyillen, Ich hab dich und du hast mich, I Can't Give Anything But Love, Josef Josef, Kodin kynttilät, Lumikki, Naura ja vihellä, Purppurapurjeet, Sataman valot, Sulle salaisuuden kertoa mä voisin

Kristiina Hautala (s. 1948)

Tukholmassa nuoruutensa viettänyt Kristiina Hautala päätyi Suomeen, kun kotinauhoituksia kuullut tuttava Suomessa oli houkutellut hänet levy-yhtiö Scandian kykyjenetsintätilaisuuteen. Vuonna 1966 ilmestynyt ensilevytys *En koskaan* oli suuri hitti, ja se teki esittäjästään yhden suosituimmista laulajista Suomessa vuosikymmenen lopulla. Vuosina 1967 ja 1969 Hautala oli mukana Johnnyn kesäkiertueella. Vuonna 1968 Hautalan omalla kesäkiertueella oli mukana uusi nouseva tähti Markku Aro, ja samana vuonna Hautala edusti Suomea Euroviisuissa kappaleella *Kun kello käy*. Levytykset jatkuivat 1970-luvun alkuun, minkä jälkeen laulaminen jäi Hautalan aloitettua psykologian opinnot Tukholman Yliopistossa. Vuonna 2003 tapahtui pienimuotoinen paluu laulajan levytettyä pitkäsoiton *Hetki tää*.

Suosittelen kuunneltavaksi:

En koskaan, En koskaan aio rakastaa, Jokainen hetki, Kielletyt käskyt, Kuinkas hurisee, Kun kello käy, Muistot vain jää, Näen silmistäs sen, Sain sulta sanan, Tienristeyksessä, Voinko luottaa

Arja Havakka (s. 1944)

Vasta vuonna 1994 ensimmäiset levytyksensä tehnyt Arja Havakka aloitti esiintymiset jo 1960-luvulla. Varhaista esiintymiskokemusta Havakka sai iltanäyttelijänä Lappeenrannan kaupunginteatterissa 16-vuotiaasta alkaen. Hän opiskeli laulua Helsingin konservatoriossa ja lauloi Tommi Lainkarin yhtyeen solistina vuosina 1967-1975, minkä jälkeen hän kiersi keikoilla perustamansa Linnut-yhtyeen kanssa. Laulamisen lisäksi hän soitti yhtyeissä myös bassoa. Vuonna 1994 omakustanteena julkaistu *Siniset sävelet* -albumi sisälsi uuden version monien muidenkin ennen levyttämästä *Lokki*-valssista. Laulusta tuli suuri menestys. Havakka sai levytyssopimuksen, ja vuonna 1995 julkaistiin *Lokki*-niminen albumi. Useita pitkäsoittoja ja kolme kokoelma-albumia julkaissut Havakka on 2000-luvun puolivälin jälkeen esiintynyt mm. Tosimiehet- ja Cas Cas -yhtyeiden solistina.

Suosittelen kuunneltavaksi:

Aamu toi ilta vei, Hymy kukka ja rakkaus, Kuule tuuli öinen, Lokki, Mustat enkelit, Nostalgia, Romanssi mollissa, Sydämestä kuiskeen kuulin,

Sydän rakastaa, Tuo onneton, Tuska, Yksin, Yksi tähti, Älä kiiruhda

Heinäsirkka (1958-2019)

Myös toimittajana ja näyttelijänä tunnettu Anne Taskinen alias Heinäsirkka astui julkisuuteen Sleepy Sleepers -yhtyeen albumilla *Takaisin Karjalaan* vuonna 1977. Kutsumanimenä Heinäsirkka tuli käyttöön jo lapsena viuluopintojen myötä. Ensimmäinen soolosingle *Jimmy Jimmy Jim/Et pysty mua sä jättämään* ilmestyi vuonna 1979. Myös Leningrad Cowboys -yhtyeen kanssa esiintyneen laulajan ensimmäinen sooloalbumi ilmestyi vuonna 1985. Rockartistina profiloitunut Heinäsirkka oli monissa kappaleissa mukana säveltäjänä, sanoittajana ja sovittajana. Musiikillisesta linjasta kertoo osuvasti levyn viimeisen kappaleen nimi: *Six Times Sex (Tribute to Nina Hagen)*. Kaikkiaan seitsemän sooloalbumia ja lukuisia singlejä julkaissut Heinäsirkka työskenteli naisartistien aseman ja näkyvyyden parantamiseksi. Vuonna 2003 hän toimitti yhdessä Arja Ahon kanssa teoksen *Rockin korkeat korot - Suomalaisen naisrockin historia*.

Suosittelen kuunneltavaksi:

Absurdiaa, Faaraoiden salaisuus, Fortuna, Linnuntiet, Mikset sä jää, Rakkaus, Siunatkoon, Tie yöhön, Tämä yö

Barbara Helsingius (1937-2017)

Laulelmiin erikoistunut Barbara Helsingius tuli ensin tunnetuksi folklaulajana. Hän opiskeli ja työskenteli 1960-luvun alussa Yhdysvalloissa, jossa syntyi kiinnostus folkmusiikkiin. Suomeen palattuaan Helsingius työskenteli YLEn ruotsinkielisen toimituksen kuuluttajana ja musiikkitoimittajana ja sai sitä kautta tilaisuuden myös laulaa televisiossa. Esiintymiset kiinnittivät sen verran huomiota, että vuonna 1966 ilmestyi ensimmäinen albumi, suomenkielistä folkmusiikkia sisältänyt *Barbara*. Persoonallisesta lauluäänestään tunnettu laulaja on säveltänyt ja sanoittanut runsaasti omaa tuotantoaan, sekä kääntänyt laulutekstejä suomeksi, ruotsiksi, norjaksi ja englanniksi. Esiintymisiä kertyi myös eri puolilla Eurooppaa ja Yhdysvaltoja. Helsingius toi laulelmamusiikkia esille alan yhdistyksissä ja toimitti laulukirjoja, joista mainittakoon *Songs Finland Sings*, jonka ohessa julkaistiin myös kirjan lauluja sisältäneet kaksi cd-levyä. Viimeinen oma pitkäsoitto *Sånt är vårt liv* ilmestyi vuonna 1996.

Suosittelen kuunneltavaksi:

Ei nukkua pitäisi kesäyönä, Hva er det for feil på deg, Høstvise, Kuparipannu, My Most Beautiful Dream, Rakkausvalssi, Reflection, Sånt är vårt liv

Anita Hirvonen (s. 1946)

Vuonna 1966 ensisinglensä *Älä! älä!/Kaks kanaa* julkaissut Anita Hirvonen keikkaili 1960-luvun vauhtivuosinaan Jorma Weneskosken yhtyeen solistina. Weneskoski kehitteli Hirvoselle räväkän tyylin, joka teki tästä eräänlaisen naispuolisen Irwin Goodmanin. Rohkeat esiintymisasut, reippaat lausunnot julkisuudessa ja laulujen rempseät sanoitukset tekivät laulajasta tunnetun. Ensimmäinen hitti oli vuonna 1967 ilmestynyt *Itke vaan jos helpottaa*. Vuosikymmenen vaihduttua levytysrintamalla oli hiljaista muutaman vuoden ajan, mutta vuonna 1976 Hirvonen palasi levyttämään, ja vuotta myöhemmin ilmestyneestä kappaleesta *Sydän rakastaa* on tullut yksi laulajan toivotuimmista lauluista. 1980-luvulla Anita Hirvonen palasi uransa alkuaikojen reippaiden iskelmärallien tyyliin. Vuosina 1981-83 julkaistut kolme albumia ylittivät kaikki myynnillään kultalevyrajan. 1990-luvun hitti oli Hirvosen itsensä sanoittama *Maitolavan prinsessa*. Vuonna 2007 Riihimäen Teatterissa pyöri laulajan elämästä kertova *Anita*-musikaali, jossa Hirvonen näytteli itseään uransa myöhemmissä vaiheissa.

Suosittelen kuunneltavaksi:

Aamuseitsemään, Eilinen, Et usko kuinka koskeekaan, Hei mambo, Ihanaa elämää, Itke vaan jos helpottaa, Jo kauan sitten, Kosketukses sun, Maitolavan prinsessa, Muistojen kaupunki, Ovi sydämeeni auki on, Pieni mies, Rantaregee, Sua liikaa rakastan, Sydän rakastaa, Vielä vaan, Villitsee mun

Carita Holmström (s. 1954)

Suuri yleisö muistaa muusikko Carita Holmströmin parhaiten Euroviisuista ja Syksyn Sävel -kilpailusta. Euroviisuedustus osui kohdalle vuonna 1974 kappaleella *Älä mene pois* (engl. *Keep me Warm*), ja Syksyn Sävel -kappaleet olivat *Joki* (1973) sekä *Jos tahtoo aamuun* (1974). Holmström opiskeli 8-vuotiaasta alkaen pianonsoittoa Sibelius-Akatemiassa. 12-vuotiaana hän alkoi laulaa folkmusiikkia Marianne Nymanin kanssa. Vuonna 1969 kaksikko oli mukana Dannyn kesäkiertueella, ja heiltä ilmestyi single *Soi kitara soi!/Sano sano sano!*. Ensimmäinen soololbumi ilmestyi vuonna 1973. Yleisradion viihdetoimittajat valitsivat *We Are What We Do* -nimeä kantavan pitkäsoiton vuoden kevyen musiikin levyksi. Carita Holmström on tehnyt musiikkia monipuolisesti. Soololevytysten lisäksi hän on levyttänyt jazzia eri kokoonpanojen kanssa sekä säveltänyt mm. kamarimusiikkia ja musikaaleja. Sibelius-Akatemian pianodiplomin suorittanut muusikko on toiminut pitkään opinahjonsa lehtorina.

Suosittelen kuunneltavaksi:

Easy, Joki, Jos tahtoo aamuun, Jos tänään tuntis huomisen, Jäätyneet kyyneleet, Katseita on täynnä avaruus, Kauanko kestää, The Knight, Tiedän paikan armahan, We've Got to Change, Älä mene pois

Helka Hynninen (1930-2017)

Kotiseudullaan ahkerana laulunharrastajana tunnettu Helka Hynninen astui valtakunnalliseen julkisuuteen 46-vuotiaana. Aiemmin Niilo Tarvajärven sattumalta tavannut laulaja sai vuonna 1976 kutsun esiintymään Yleisradion 50-vuotisjuhlakonserttiin Finlandia-talolle. Hynninen esitti konsertissa itse sanoittamansa ja puolisonsa Lassi Hynnisen säveltämän kappaleen *Lapsuusajan maisemissa*. Paikalla olleet Rauno Lehtinen ja Pentti Lasanen ehdottivat levytystä, ja kaikkiaan vuosituhannen vaihteeseen mennessä ilmestyi yhdeksän pitkäsoittoa. Helka Hynninen sanoitti runsaasti omaa tuotantoaan, jonka sisältö kumpusi hänen omasta maanläheisestä elämänpiiristään. Laulaja esiintyi 1980-luvulta alkaen lukuisia kertoja Yhdysvalloissa amerikansuomalaiselle yleisölle. Yksi uran ikimuistoisimmista hetkistä oli esiintyminen Atlantan Olympialaisissa, jonne kutsun oli esittänyt sikäläinen Suomi-seura. Hengellinen musiikki oli myös lähellä Hynnisen sydäntä.

Suosittelen kuunneltavaksi:

Askeleet kuun sillalla, Juhannusruusut, Keskiyön aurinko, Lapsuusajan maisemissa, Metsurin vaimo, Pielisen kauneutta, Rakkain ihminen, Tyttären valssi

Tuula Ikäheimo (s. 1942)

Toivo Kärki löysi Tuula Ikäheimon iskelmälaulu-kilpailuista vuonna 1957. Solistipaikka järjestyi Ronnie Kranckin yhtyeestä, jonka säestämänä ilmestyivät ensimmäiset levytetyt kappaleet *Loch Lomond* ja *Bonnie* vuonna 1958. Levytyksistä tunnetuin on vuonna 1959 ilmestynyt *Kaipuun kukka*, joka on iskelmämukaelma Beethovenin *Für Elise* -bagatellista. Levytysura päättyi jo vuonna 1961, mutta esiintymiset jatkuivat useiden eri yhtyeiden solistina 1970-luvulle saakka. 1990-luvulla Ikäheimo hakeutui musiikkiopintojen pariin Pop & Jazz konservatorioon. Hän on sen jälkeen keskittynyt sävellys- ja sanoitustöihin.

Suosittelen kuunneltavaksi:

Bonnie, Johnny Guitar, Kaipuun kukka, Loch Lomond, Virta

Tutta Jew (s. 1935)

Rauni Pekkalan sisarelle Tutta Jewille sorvattiin taitelijanimi hänen sukunimestään Tuttujew. Hän kävi nuorena laulu- ja pianotunneilla ja lauloi Eero Väreen yhtyeen solistina 1960-luvun alussa. Levytyksistä tunnetuin on vuonna 1961 ilmestynyt *Kesäyö*, josta myös Vieno Kekkonen teki oman versionsa. Viimeinen levytys ilmestyi vuonna 1964. Myöhemmin Tutta Jew esiintyi Operettiteatterissa 1970-90 -luvuilla.

Suosittelen kuunneltavaksi:

Elena Rosa, Kesäyö, Kuutamosilta, Liian nuori rakkauteen, Siboney, Talven ruusu, Tuo suru jonka sain, Varjojen leikit

Titta Jokinen (s. 1951)

Viihteen monitoiminainen Titta Jokinen on tullut tutuksi television viihdeohjelmista, elokuvarooleista ja Komediateatteri Areenan näyttelijänä. Hän on tehnyt myös suuren määrän äänirooleja animaatioelokuviin. Laulajantaival alkoi duossa Tommy & Titta, joka levytti vuonna 1969 singlen *Mulla kylmä on/Paistaa päivä köyhällekin* ja osallistui saman vuoden Syksyn Sävel -kilpailuun Toivo Kärjen sävellyksellä *Onni*. Vuonna 1970 duettopariksi vaihtui Gugi, ja kaksikko julkaisi singlet *Kaarnalaiva/Kirje* ja *Kun kuuluu lauluni tää/Et surun päivää nähdä saa*, jonka A-puoli oli Titan ensimmäinen soololevytys. Vuonna 1976 Gugi ja Titta levyttivät käännösversion Italian euroviisusta nimellä *Sen eläisin uudelleen*. Kesällä 1971 Titta kiersi Kirkan kesäshow'n mukana ympäri maata, ja vuoden 1976 Euroviisuissa hän oli Fredi & Ystävät -kokoonpanon mukana edustamassa Suomea Haagissa kappaleella *Pump pump*. 1970-luvun lopulla Titta lauloi Mirumaru-lauluyhtyeessä, jolta ilmestyi kaksi albumia vuosina 1977-78. Seuraavalla vuosikymmenellä pääpaino alkoi laulamista enemmän olla näyttelemisessä,

vaikkakin vuosina 1984 ja 1986 ilmestyivät yh-
dessä Pauli Virran kanssa levytetyt pitkäsoitot
Lauluja matkan varrelta ja *Näen vielä silmät.*

Suosittelen kuunneltavaksi:

*Cecilia, Kaarnalaiva, Kun kuuluu lauluni tää,
Kupla, Mulla kylmä on, Sen eläisin uudelleen,
Sydän sanoo sen, Taas on päivä mennyt*

Marketta Joutsi (s. 1937)

Ensiaskeleitaan esiintyvänä artistina jo 1950-luvun alkupuolella ottaneen Marketta Joutsin ura pääsi kunnolla vauhtiin, kun hän sai kiinnityksen Onni Gideonin yhtyeen solistiksi. Mario Weberin orkesterin mukana hän pääsi vuonna 1960 kiertueelle Sveitsiin ja Saksaan, ja samana vuonna käynnistyi levytysura singlellä *Nyyhkytys/Sä kaunehin oot*. Vuonna 1964 laulaja perusti oman ravintolaorkesterin, jonka solistina hän kiersi hotelleissa ja yökerhoissa 1970-luvun lopulle saakka. Vuonna 1968 Suomessa vieraillut japanilainen yökerhonomistaja sattui kuulemaan Joutsin laulua, mistä seurasi usean kuukauden esiintymissopimus Tokiossa. Pitkittyneellä reissulla oli esiintymisiä myös kabareessa ja Vietnamin sodan aikaisissa amerikkalaisissa sotilastukikohdissa. Kiertueet jatkuivat myös Yhdysvalloissa. Marketta Joutsi on esiintynyt vuosien varrella eri kaupunginorkestereiden säestämissä viihdekonserteissa, joissa kapellimestareina ovat toimineet Rauno Lehtinen ja Nacke Johansson. Lehtinen myös sävelsi vuonna 1980 ilmestyneen singlen B-puolella olevan kappaleen nimeltä *Moi-moi-moi*.
Vuonna 2003 ilmestyi pitkäsoitto nimeltä

Wanha albumi yhdessä Jukka ja Riikka Ollilan kanssa, ja vuonna 2007 samoilta tekijöitä ilmestyi albumi *Onnen päivät*.

Suosittelen kuunneltavaksi:

Banjo Boy, Rakastun liian helposti, Salatut tunteet, Seison sateessa, Sä kaunehin oot, Tämä maa

Monna Kamu (s. 1949)

Pianonsoittoa Sibelius-Akatemiassa vuosina 1968-74 opiskellut Monna Kamu tunnetaan parhaiten Agit Prop -yhtyeen laulajana ja Kaj Chydeniuksen laulujen tulkitsijana. Opiskelukaveri Toni Edelmann houkutteli Kamun Koiton laulu -kuoroon, jossa lauloivat myös jo aiemmin perustetun Agit Propin jäsenet. Kamu pestattiin koelaulun kautta kvartetin uudeksi altoksi vuonna 1972. Kokoonpano lauloi aktiivisesti vuosikymmenen loppuun saakka, minkä jälkeen se palasi satunnaisesti estradeille. Monna Kamu on levyttänyt sooloalbumit *Äkkiä elämässä* (1999) ja *Vierelläsi* (2005) sekä *Miten enkeleitä vietellään* -albumin yhdessä Anneli Saariston ja Liisa Tavin kanssa vuonna 1989. Päätyönsä Kamu on tehnyt pianonsoitonopettajana musiikkiopistossa.

Suosittelen kuunneltavaksi:

Balladi seikkailijoista, Kuolemantanssi, La Reina, Meidän piti matkustaa, Mennyt aika, Minun lintuni, Neito kangasta kutovi, Ravustajan syyslaulu, Sinulle, Sonetti meren rannalla, Suoprinssin houkutuslaulu, Tuuli, Vaimon laulu

Seija Karpiomaa (1932-2002)

Tummaääninen Seija Karpiomaa voitti iskelmä-laulukilpailut vuonna 1957. Voiton jälkeen hän solmi levytyssopimuksen Scandian kanssa ja sai kiinnityksen Jaakko Salon yhtyeen solistiksi. Ensimmäinen single *Delfiinipoika/Maruzzella* oli heti myyntimenestys. Seija Karpiomaa soitti jo nuorena huuliharppua ja kitaraa. Musiikki säilyi harrastuksena läpi elämän. Levytysvuosienkin aikana 1957-62 laulaminen oli vain sivutoimista, sillä Karpiomaa ei kaivannut laulamisen mukanaan tuomaa huomiota. Kaikkiaan 29 levytystä tehneelle persoonalliselle alttoäänelle olisi ollut kysyntää enemmänkin.

Suosittelen kuunneltavaksi:

Delfiinipoika, Maruzzella, Muistojen virta, Novgorodin ruusu, Seison sateessa, Särkyneen toiveen katu, Tango notturno, Vain hiukan

Paula Karppanen (s. 1945)

Paula Karppanen esiintyi ja levytti aluksi duona sisarensa Tuulan kanssa. Ensimmäinen single *Keltainen lintu/Pepito* ilmestyi vuonna 1961. Tuula ja Paula -duo levytti muutaman singlen ja jatkoi keikkailua noin viiden vuoden ajan. Tuulan jatkaessa laulamista 60-luvun lopulle Paula vetäytyi pois muutamaksi vuodeksi ja palasi takaisin kuvioihin seuraavan vuosikymmenen alussa. Vuonna 1972 ilmestyi single *Ennenvanhaan/Sacramento*, ja seuraavana vuonna ilmestyi single *Oikea Cowboy/Ei käy*. Karppanen toimi taustalaulajana ja levytti muutamia kappaleita hittikokoelmille. Hän keikkaili sekä solistina että Mirumaru-yhtyeen jäsenenä vuoteen 1985, jonka jälkeen hän siirtyi toimistotöihin.

Suosittelen kuunneltavaksi:

Amsterdam, Ennenvanhaan, Mikado, Norwegian Wood, Sacramento

Katri Helena (s. 1945)

Kotimaisista kestomenestyjistä Katri Helenan ura lienee jatkunut pisimpään tasaisena ja ilman notkahduksia. Hittejä on syntynyt valtava määrä vuosikymmenestä toiseen. Laulaja osallistui voitokkaasti iskelmäkilpailuihin jo 12-vuotiaana. Ensimmäinen single *Poikien kuvat/Kesän viimeinen ilta* ilmestyi vuonna 1963, jolloin Katri Helena keikkaili Gunnar Pedersenin orkesterin solistina. Jo seuraavana vuonna ilmestyi suuri hitti *Puhelinlangat laulaa.* Fredin ja Marionin ohella Katri Helena on ainoa artisti, joka on edustanut Suomea soololaulajana kaksi kertaa Eurovision laulukilpailuissa. Katri Helena koetaan "sinivalkoisena äänenä". Hänessä on luonnollista raikkautta, mutkattomuutta ja vilpittömyyttä. Sellaiset hitit kuin *Anteeksi suo, Katson sineen taivaan, Nuoruus on seikkailu ja Vasten auringon siltaa* ovat osoitus vahvasta tulkinnasta ja hyvästä laulutekniikasta. Menestysten takaa löytyy myös hienovireisiä helmiä kuten *Hyvä on mun olla sun ja Ystäväin.*

Suosittelen kuunneltavaksi:

Almaz onnen lapsi, Anteeksi suo, Ei kauniimpaa, Elämänlangat, En ollut lady, Hyvä on mun

olla sun, Kai laulaa saan, Katson autiota hiek-
karantaa, Katson sineen taivaan, Kun kohdat-
tiin, Kun minuun kosketat, Kuudenikäinen,
Loppu tuskaa tuo aina, Maailman pihamaat,
Niin kaikki on kuin ennenkin, Nuoruus on seik-
kailu, Paikka auringossa, Runoni kaunein olla
voit, Syysunelma, Vasten auringon siltaa, Ystä-
väin, Äänesi mä kuulen

Päivi Kautto-Niemi (s. 1952)

1970-luvun alussa Dannyn ja Markku Aron kesäkiertueilla mukana ollut Päivi Kautto-Niemi lauloi vuonna 1973 euroviisukarsinnoissa Dannyn taustakuorossa. Opiskeluaikoina Päivi tutustui kapellimestari Isto Hiltuseen ja pääsi näin mukaan Hiltuset-lauluyhtyeeseen, joka esiintyi televisiossa *Laulunsekainen soittotunti* -ohjelmassa. Ensimmäinen single *Sunny/Vieras mies* julkaistiin vuonna 1977. Samana vuonna ilmestyi myös discoversio *Liljankukka*-klassikosta, josta tuli suuri hitti. Vuosina 1977-79 Päivi julkaisi kolme albumia. Vuonna 1979 hän edusti Suomea Soulissa kevyen musiikin festivaaleilla ja oli mukana Syksyn Sävel -kilpailussa kappaleella *Pakoon*. Vuosikymmenen vaihteessa ilmestyi vain pari singleä. Vuonna 1984 valmistui *Mikä tämä leikki on* -niminen albumi, ja seuraavana vuonna Päivi osallistui Syksyn Sävel -kilpailuun kappaleella *Sadun maailma* sekä Kevään Sävel -kilpailuun kappaleella *Luoksein jää*. Uran alkuvuosien jälkeen keikkailutahti rauhoittui ja levytyksiä on syntynyt harvakseltaan. Pari pitkäsoittoa on ilmestynyt vielä uudella vuosituhannellakin.

Suosittelen kuunneltavaksi:

Ei itke noin mies, Enää et kuulu mulle, Kaikki antaisin, Kesäni muistot, Kuinka sua kaipaan, Liljankukka, Merelle päin, Pakoon, Sadun maailma, Sinuun turvaudun, Sulle antaudun, Sunny, Suoraan suoneen, Surujen kitara, Sä katseellasi saat, Tuulen tanssi, Uudestaan, Yöllä sua kaipaan

Heli Keinonen (s. 1943)

Yllättäen Heli Keinosen vuonna 1966 levyttämästä ensisinglestä *Ajettih da tsiganaiset / Ruskie neitšyt, valgie neitšyt* tuli erittäin suosittu. Varsinkin singlen B-puolen kappale soi paljon radiossa ja nousi myyntilistoille. Yllättävää tapauksessa oli se, että kappaleet edustivat itäkarjalaista kansanperinnettä. Jo lapsesta alkaen laulanut sekä kitaran- ja banjonsoittoa opiskellut Keinonen teki kansanmusiikkijulkaisujensa pohjalta trubaduurikeikkoja parin vuoden ajan. Lisäksi hän levytti työväenlauluja ja teki yhteistyötä M.A. Nummisen ja Markku Innon kanssa. Hän oli mukana myös LP-levyllä, joka pohjautui **Lasse Mårtensonin** säveltämään kristilliseeen jazzmessuun *Voiko sen sanoa toisinkin*.

Suosittelen kuunneltavaksi:

Ajettih da tsiganaiset, Itkeö neitsyt, Kuolemaantuomitun hyvästijättö, Kuninkaan kutsu, **Laskettakkua brihat hebot,** *Ruskie neitsyt valgie neitsyt*

Iris Keinänen (s. 1950)

Ennen laulu-uransa alkua Iris Keinänen työskenteli musiikkikaupassa. Asiakkaina kävi paljon musiikkialan ihmisiä, ja siitä Keinänen sai idean kokeilla siipiään laulajana. Vuonna 1967 alkoivat laulukeikat Mauri Liukkosen yhtyeen solistina, ja vuonna 1969 oli vuorossa osallistuminen Tähtijahti-kiertueelle. Keinänen selvisi kilpailun finaaliin, johon yltäneet pääsivät levyttämään kilpailun ohessa tehdylle kokoelmalevylle. Tämän jälkeen laulaja sai enemmän näkyvyyttä ja oli mukana mm. Arto Sotavallan kesäkiertueella 1971 sekä Markku Aron seuraavan vuoden kesäshow'ssa. Tänä vauhdikkaana ajanjaksona Iris Keinänen osallistui myös vuoden 1972 Syksyn Sävel -kilpailuun Valto Laitisen säveltämällä haikealla kappaleella *Näen jälleen kesän*. Vuonna 1974 Keinänen vetäytyi pois lauluestradeilta. Hän perusti perheen ja jatkoi ennestään tuttuja konttoristin töitään D-tuotannossa.

Suosittelen kuunneltavaksi:

Hiljaisuuden ääni, Mä kaiken tunnen muuttuneen, Mä kuumetta sain, Näen jälleen kesän, Päivät, Sydämeni on viulu

Sirkka Keiski (s. 1944)

Jonkin verran kotiseutunsa Toholammin paikallisten yhtyeiden solistina keikkaillut Sirkka Keiski aloitti ammattimaiset esiintymiset vuonna 1963 Kokkolassa Hotelli Seurahuoneella Folck Neunstedtin yhtyeen solistina. Seuraavana vuonna hän voitti Helsingin Kulttuuritalolla Suomen iskelmämestaruuden naisten kotimaisen sarjan ja sai levytettäväkseen singlen *Kun rakkaus on kuollut/Säästä suudelmasi*. Keikkailtuaan vuoden verran ympäri Suomea Keiski asettui pääkaupunkiin, jossa hän esiintyi mm. ranskalaisen Pierre Martinin yhtyeen solistina Hotelli Helsingin yökerhossa ja sen jälkeen eri tahoilla Juhani Korjuksen orkesterin solistina. Vuonna 1966 vitsinä ilmestynyt levytys *En minäkään kerro, kuinka jouduin naimisiin* on päätynyt vuosien saatossa keräilyharvinaisuudeksi Irwin Goodman -yhteyksiensä vuoksi. Vuonna 1967 Sirkka Keiski liittyi Kolmiapila-trioon, jossa hänen lisäkseen lauloivat Iris Rautio ja Oili Vainio. Kolmikko levytti kaksi singleä vuosina 1967-68. Tämän jälkeen Keiski oli mukana Soul 69' -kiertueella Benno & Tarro- ja New Joys -kokoonpanojen kanssa. Vuonna 1969 ilmestyi single *Mä heräsin/Ei vieläkään,*

minkä jälkeen Keiski jäi pois musiikkiympy-
röistä pitkäksi aikaa. Myöhemmin on ilmesty-
nyt omakustanteena kaksi albumia: *Lover Man*
vuonna 2008 ja *Kurjet saapuvat* vuonna 2017.
Näillä levyillä tummaääninen laulaja tunnelmoi
ikivihreiden parissa.

Suosittelen kuunneltavaksi:

*Enempää en kerro, En minäkään kerro kuinka
jouduin naimisiin, Kun rakkaus on kuollut, Lover
Man, Mä heräsin, Ruby My Dear, The Man I
Love, Toda una vida, Vain öisin, You Don't
Know What Love Is*

Vieno Kekkonen (s. 1934)

Vieno Kekkosen esiintymiset alkoivat kansa-
kouluikäisenä avustajana Kuopion Yhteisteatte-
rissa. Valmistuttuaan vuonna 1956 Teatterikou-
lusta hän näytteli vuoden Lahden kaupunginte-
atterissa, mutta musiikki vei voiton. Ensimmäi-
nen single *Kohtaanko sun/Nukkumatti* oli il-
mestynyt jo vuonna 1955. Kekkonen esiintyi
muutamissa elokuvissa, mutta päätoimisesti
hän levytti ja keikkaili tiiviisti vuoteen 1964
saakka. 1960-luvulla hän oli television musiik-
kiohjelmien vakiokasvoja. Hän esiintyi mm.
Matti Viljasen, Taito Vainion, Jaakko Salon ja
Erkki Valasteen yhtyeiden solistina. 1960-luvun
lopulla laulaminen jäi vähemmälle Kekkosen
keskityttyä perhe-elämään. Seuraavalla vuosi-
kymmenellä tapahtui paluu. Kekkonen keikkaili
freelancerina ja esiintyi mm. Linnanmäen musi-
kaaleissa. 1980-luvulla hän teki ravinto-
lashow'ta soolona sekä Kai Lindin ja Pentti La-
sasen kanssa. Vuosikymmenen puolivälistä al-
kaen hän esiintyi pitkään triossa, jossa olivat
mukana Brita Koivunen, Pirkko Mannola ja
myöhemmin Marjatta Leppänen.

Suosittelen kuunneltavaksi:

Desiderio, Ei koskaan sunnuntaisin, Kalevi kyselee, Katjusha, Kesän vihreät lehvät, Kesäyö, Kun kuu jo nousee, Kuolleet lehdet, Kuutamoa ja varjoja, Kyllä tyttö pieni, Milloin milloin milloin, Niin rakastunut sinuun, Niin sateinen on tie, Nukkumatti, Päivä kaunein on tullut, Rakkauden kiertokulku, Sakura no hana, Sateenkaaren tuolla puolen, Suezista etelään, Sävel rakkauden, Tie, Yön väistyessä

Marjo-Riitta Kervinen (s.1950)

Marjo-Riitta Kervinen on työskennellyt moni-
puolisesti musiikin parissa. Laulu-ura alkoi
1960-luvun lopulla Ernos-yhtyeessä. Sen jäl-
keen hän keikkaili vuoteen 1975 saakka Savan-
nah-yhtyeessä, joka julkaisi albumin nimeltä
Marjo-Riitta ja Savannah vuonna 1974. Vuonna
1973 Kervinen vieraili Jussi & The Boysien albu-
milla ja oli mukana Kirkan kesäkiertueella. Seu-
raavana vuonna hän perusti Ami Aspelundin,
Aimo Jaaran ja Kari Kuusamon kanssa Cascade-
yhtyeen, jolta ilmestyi yhtyeen nimeä kantanut
albumi vuonna 1976. Lisäksi Kervinen on laula-
nut mm. kokoonpanoissa Coco, Fantastic Four,
Lászlò Süle Octet, Mirumaru ja Sisters Unlimi-
ted. Televisiossa ja studioissa ahkeroineelle
laulajalle on kertynyt yli 4000 levytystä tausta-
laulajana. Kaupunginteatterissa hän on ollut
mukana musikaaleissa *Cats* ja *My Fair Lady*. Sa-
vonlinnan oopperajuhlien kuorossa hänet on
nähty useamman kerran. Vuonna 1984 ilmesty-
nyt sooloalbumi *Happy to Be Alive* sisältää jaz-
zin, funkin ja soulin maustamaa musiikkia.
Marjo-Riitta Kervinen on opettanut laulamista
mm. Sibelius-Akatemiassa ja Oulunkylän Pop &
Jazz Konservatoriossa sekä toiminut Helsingin

ammattikorkeakoulun pop-jazz-musiikin koulutusohjelman lehtorina.

Suosittelen kuunneltavaksi:

Ajatuksia yössä, Bad Timing, Cat Glance, En voi nauraa, Freedom, Ghost of the Heart, Mitä sä sateessa teet, Näinä päivinä, Silmät katsoo huomiseen, Sinun vain, Vie paljon aikaa

Laila Kinnunen (1939-2000)

Laila Kinnunen on arvostetuimpia suomalaisia viihdelaulajia kautta aikojen. Hän lauloi monipuolista materiaalia tangosta ja kansanmusiikista jazziin. Levytysten lisäksi jälkipolville on tallentunut runsaasti televisiotallenteita, sillä Kinnunen esiintyi 1960-luvulla ahkerasti television musiikkiohjelmissa. Laulajanura lähti liikkeelle Iskelmälaulun SM-kilpailujen voitosta vuonna 1955. Seuraavana vuonna alkoi keikkailu, ja vuonna 1957 ilmestyneestä ensilevytyksestä *Lazzarella/Etkö voisi alkaa uudelleen* tuli heti suuri menestys ja myöhemmin ikivihreä. Kinnunen lauloi solistina mm. Olli Hämeen ja Erkki Melakosken orkestereissa. Vuonna 1961 hän oli Suomen ensimmäinen edustaja Eurovision laulukilpailuissa kappaleella *Valoa ikkunassa*. Kinnunen oli mukana musikaaleissa, opereteissa, musiikkinäytelmissä, ravintolashow-estradeilla ja aikansa suosituissa iskelmäelokuvissa. Ulkomaillakin riitti kysyntää. Esiintymisiä oli mm. Ruotsissa, Länsi-Saksassa, Tanskassa, Norjassa, Virossa, Puolassa, Belgiassa, Italiassa ja Tšekkoslovakiassa. Laila Kinnusen aktiivinen levytysura kesti 11 vuotta, esiintymiset hiukan kauemmin. Hän vetäytyi julkisuudesta henkilökohtaisten ongelmien ja levy-yhtiötä koskevien erimielisyyksien vuoksi. Myöhemmät come back -yritykset eivät ottaneet tulta allensa, sillä ääni ja elämänhallinta eivät olleet enää entisellä tasolla. Laulajan musikaalisuus ja monipuolisuus elävät monilla onnistuneilla tallenteilla.

Suosittelen kuunneltavaksi:

En saa, En vastaa jos soitat, Epävireiset sydämet, Ett ljus i ett fönster, Jazzbasilli, Kun, Kuume, Lennä mun lempeni laulu, Muistojen bulevardi, Pieni sydän, The Shadow of Your Smile, Sua etsin, Sä muistatko metsätien, Yhden nuotin samba, Yön äänet

Ritva Kinnunen (s. 1937)

Parhaiten Ritva Kinnunen muistetaan duetoistaan sisarensa Laila Kinnusen kanssa. Hän aloitti keikkailun vuonna 1959 Pentti Tiensuun yhtyeen solistina ja jatkoi myöhemmin Kullervo Linnan orkesterissa. Vuonna 1960 ilmestyneestä ensilevytyksestä *Milord* tuli hitti, ja Kinnunen päätyi esittämään sen myös musiikkielokuvassa nimeltä *Tähtisumua*. Vuosina 1960-63 levytetyistä kappaleista viisi oli soololevytyksiä ja loput olivat duettoja Laila Kinnusen kanssa. Duetoista tunnetuin on nimeltään *Pojat*.

Suosittelen kuunneltavaksi:

Hampurin tyttö, Iltajuttelua, Josef, Milord, Mä olen nainen, Rinnakkain, Sä kaunehin oot, Täydenkuun juhla

Koivistolaiset

Anneli (s. 1943) ja Anja Koivisto (s. 1946) muodostivat 1960-luvun puolivälistä alkaen Koivistolaiset-duon, joka lauloi, tanssi ja levytti sekä esiintyi monissa television viihdeohjelmissa. Tanssiharrastus alkoi molemmilla lapsena Kansallisoopperan balettikoulussa, josta tie johti televisioon, kun koulun oppilaita poimittiin mukaan viihdeohjelmaan. Vuonna 1966 Koivistolaiset kiersivät go-go-tyttöinä Johnnyn kesä-show'ssa ja kesällä 1968 Danny-show'ssa. Samoihin aikoihin he olivat mukana myös uraauurtavissa floorshow-esityksissä Kalastajatorpalla ja Adlonissa yhdessä Lasse Mårtensonin kanssa. Mårtensonin parivaljakkona ilmestyi myös ensimmäinen Koivistolaiset-nimellä tehty levytys *Limon limonero/Sanaa suustani en saa* vuonna 1968. Tunnetuin duon soololevytyksistä on vuonna 1971 ilmestynyt *Chirpy, Chirpy, Cheep, Cheep*. Koivistolaiset keikkailivat mm. Antti Hyvärisen orkesterin kanssa ja osallistuivat muutamiin laulukilpailuihin. Vuonna 1969 duo voitti Rostockin laulukilpailut kappaleella *Kuin silloin ennen*, jolla Jarkko ja Laura eivät menestyneet saman vuoden Eurovision laulukilpailuissa. Voitto Rostockissa siivitti Koivistolaiset esiintymään mm. Madridin, Saksan ja Ison-Britannian televisioon. Seuraavana vuonna he olivat Anneli Sarin ja Kim Floorin kera Belgiassa Knokken Kultaisen ruusun kilpailussa, ja vuonna 1971 he edustivat Markku Aron kanssa Suomea Dublinissa Eurovision laulukilpailuissa kappaleella *Tie uuteen päivään*. Anneli Koivisto oli mukana Euroviisuissa myös vuonna 1976, kun Fredi & Ystävät -kokoonpano edusti Suomea Haagissa kappaleella *Pump pump*. Koivistolaisten levytysura jäi melko suppeaksi, mutta he kiersivät keikoilla 1990-luvulle saakka, minkä jälkeen he ovat toimineet mm. risteilyemäntinä ja esiintyneet yritysten yksityistilaisuuksissa.

Suosittelen kuunneltavaksi:

Chirpy Chirpy Cheep Cheep, Lady Bump, On siitä aikaa, Pariisin tango, Saisinpa vain, Rakkauden liekki, S.O.S., Waikikin mies, Waterloo

Brita Koivunen (1931-2014)

Voitto Helsingin Työväentalolla järjestetyissä laulukilpailuissa vuonna 1954 oli ponnahduslauta Brita Koivusen laulajanuralle. Ensilevytys oli samana vuonna ilmestynyt *Nainen - Mies* - duetto Börje Lampeniuksen kanssa. Sittemmin Koivunen keikkaili Onni Gideonin, Olli Hämeen ja Eino Virtasen yhtyeiden solistina. Vuonna 1956 singlen B-puolella ilmestynyt *Suklaasydän* myi kultaa, ja siitä on vuosien varrella tullut klassikko. Laila Kinnusen ja Helena Siltalan ohella Brita Koivunen oli jazziskelmäkauden keskeisimpiä artisteja. Hän esitti keikoilla mieluiten englanninkielisiä ikivihreitä. Ahkerin levytyskausi ajoittui vuosien 1956-1964 väliin. Tuona aikana töitä riitti myös televisiossa ja elokuvissa. 1960-luvun lopulla Koivunen vetäytyi viettämään perhe-elämää, mutta palasi estradeille 1980-luvulla. Vuonna 1985 oli vuorossa unelmaprojekti, kun Koivunen levytti albumin *As Time Goes By*, joka koostui englanninkielisistä jazzklassikoista. Hän esiintyi myös triona Vieno Kekkosen ja Pirkko Mannolan kanssa 2000-luvun alkuvuosiin saakka.

Suosittelen kuunneltavaksi:

As Time Goes By, Ikkunaprinssi, Jauhan kahvia, It's All Right with Me, Jos nyt menet pois, Kasakkapartio, Kuinka paljon rakkautta, Käy tanssimaan, Läksin minä kesäyönä käymään, Mamma mies tuijottaa minua, Minka, Mustat silmät, Mua lemmitkö vielä Kustaa?, Musta Pekka, Pieni punainen mökki, Puukko-Mackie, Saku sammakko, Some of These Days, Sukiyaki, St. Louis Blues, Suklaasydän, Sävel rakkauden, Trumpetin tanssiinkutsu, Tuoll' on mun kultani, Tällaista on rakkaus, Voi hyvä tavaton, You Stepped out of a Dream

Paula Koivuniemi (s. 1947)

Vuonna 1966 ilmestyneestä ensilevytyksestä *Perhonen* on vuosien varrella tullut ikivihreä ja yksi Paula Koivuniemen tunnetuimmista lauluista. Laulajan isä Mauri Koivuniemi oli ammattimuusikko, ja ensimmäiset keikkansa Paula sai tuuraamalla isänsä yhtyeen solistia. Levytyksiä ilmestyi tasaiseen tahtiin ja keikkoja riitti, mutta suuria hittejä ei syntynyt. Oma linja oli hakusessa useita vuosia. Ensimmäinen albumi ilmestyi vuonna 1975. *Leikki riittää* -niminen pitkäsoitto oli Pirjo ja Matti Bergströmin tuottama, mutta sekin oli tyyliltään hiukan hapuileva, eikä siltä noussut hittejä. Selkeä tyyli ja suuret hitit löytyivät vuonna 1978, jolloin ilmestyi kaksi albumia saman vuoden aikana. Tuon vuoden menestyksiä olivat *Kapteeni aika* ja *Sua vasten aina painautuisin*. Vuosikymmenen vaihtuessa myös levy-yhtiö vaihtui, ja yhteistyö Esa Niemisen kanssa alkoi. *Vie minut pois* -albumi oli suuri menestys ja *Tummat silmät, ruskea tukka* yksi vuoden 1980 soitetuimmista kappaleista. Samoihin aikoihin Paula Koivuniemi sijoittui toiseksi kahdessa kansainvälisessä laulukilpailussa: vuonna 1979 Rostockissa ja vuonna 1980 Bulgarian Kultainen Orfeus -kilpailussa. Koko 1980-luku oli tasaisen taattua menestystä, ja tuolloin ilmestyivät sellaiset tunnetut hitit kuin *Aikaan sinikellojen, Aikuinen nainen, Hei buonanotte, Luotan sydämen ääneen, Romantiikkaa,* ja *Sata kesää tuhat yötä.* 1990-luvulla ei noussut suuria hittejä, mutta pitkäsoittoja ilmestyi säännöllisesti. Koivuniemi palkittiin pitkästä urastaan erikois-Emmalla vuonna 1997, ja vuosikymmen päättyi menestysalbumiin *Kun kuuntelen Tomppaa.* Vuosituhannen vaihduttua Paula Koivuniemi alkoi olla entistä monipuolisemmin mukana erilaisissa projekteissa. On ollut konserttikiertueita, yhteistyötä eri artistien ja kokoonpanojen kanssa, esiintyminen Provinssirockissa jne. Kultalevymyyntiin yltäneitä albumeja on ilmestynyt edelleen. Helposti tunnistettava tumma ääni on saanut lisää särmää ja tulkinnat ovat syventyneet. Vuosikausia jatkunut menestys on ollut poikkeuksellista.

Suosittelen kuunneltavaksi:

Aikuinen nainen, En kadu mitään, Jos helmiä kyyneleet ois, Kaiken antanut, Kapteeni aika, Kuuleeko yö, Leikki riittää, Matka, Miten voi, Odotus, Romantiikkaa, Sata kesää tuhat yötä,

Sua vasten aina painautuisin, Sä et suurennella saa, Tummat silmät ruskea tukka, Virta, Yölento

Kaisa Korhonen (s. 1941)

Päätyönsä ohjaajana ja teatterialan opettajana tehnyt Kaisa Korhonen oli mukana poliittisessa laululiikkeessä. Hänen omintakeinen laulutyylinsä jakoi yleisön mielipiteet. Ylioppilasteatterissa toimiessaan Korhonen oli vuonna 1966 valmistuneen *Lapualaisoopperan* keskeisiä tekijöitä. Ensimmäiset levytykset ilmestyivät vuonna 1965, jolloin Korhonen lauloi EP-levylle neljä puolisonsa Kaj Chydeniuksen säveltämää kappaletta. Ensimmäinen sooloalbumi ilmestyi vuonna 1969 ja viimeisin vuonna 1977. Laulut koottiin vuonna 1993 ilmestyneelle kokoelmalevylle *Elämäni laulut*.

Suosittelen kuunneltavaksi:

Aikuiset ja lapset, Don Juan, Euroopan syrjäkylät, Hanhen laulu, Hyvästi, Jos mun tuttuni tulisi, Laulu kuolleesta rakastetusta, Lemminkäisen äidin kehtolaulu, Ratsu, Seison torilla, Siirtotyöläinen, Uralin pihlaja

Elisa Korjus (s. 1958)

Tavaramarkkinat-yhtyeen *Kevät*-hitin solistina tunnettu Elisa Korjus lauloi nuorena koulun kuorossa ja soitti vetopasuunaa. Teini-ikäisenä hän opiskeli huilunsoittoa ja musiikinteoriaa Oulunkylän Pop-Jazz Opistossa. Ensimmäinen isompi keikka oli Helsingissä vuonna 1978 Polin Elmu-klubilla Blue Bandin kanssa. Korjus on ollut mukana monissa eri kokoonpanoissa sekä solistina että taustalaulajana. 1970-luvun lopulla hän oli mukana Maukka Perusjätkän *Sota apatiaa vastaan* -projektissa. Tutustuminen Dave Lindholmiin johti myöhemmin siihen, että Korjus päätyi laulamaan Daven vuonna 1982 ilmestyneelle singlelle *Sitähän se kaikki on*. Vuonna 1987 hän levytti Pekka Myllykosken kanssa *Jotkut päivät on kultaa* -dueton Freud, Marx, Engels & Jung -yhtyeen albumille *Siunattu hulluus* ja seuraavana vuonna *Niin kauas kuin tunteet vie meidät* -dueton albumille *Takamehtien mekatähtiä*. Vuoden 2008 soolohitti oli *Harvoin tarjolla*, joka levytettiin samannimiseen televisiosarjaan. Elisa Korjus on työskennellyt pitkään Yleisradiossa toimittajana ja levyarkistossa.

Suosittelen kuunneltavaksi:

Harvoin tarjolla, Hunajaton, Kevät, Koira, Pikkutyttö taas, Runko, Unen tie, Viiltävää!

Marja Koski (1941-2020)

Tummaääninen Marja Koski keikkaili 1980-luvun alussa Jojo-nimisen yhtyeen solistina. Ensimmäinen single *Miten voisin elää ilman sua/Miksi jälleen?* ilmestyi vuonna 1981. Tunnetuin hitti *Mamma Maria* ilmestyi pari vuotta myöhemmin. Vuonna 1984 levytetty *Tahdon miehen* on noussut eräänlaiseksi aistilliseksi kulttiklassikoksi. Niinpä se löytyy Rocket Recordsin vuonna 2015 julkaisemalta kokoelmalevyltä *Riman alta ja ohi maalin - Suomi-iskelmän hurjimmat harhalaakit*. Eartha Kittin *Where Is My man* -hitistä tehty käännösversio päätyi videoineen television Hittimittari-ohjelmaan syksyllä 1984. Kaikkiaan Marja Koskelta ilmestyi kolme albumia 1980-luvulla.

Suosittelen kuunneltavaksi:

En unta saa, Mamma Maria, Miksi näin käy? Sellaista elämä on, Tahdon miehen, Taulu, Vähän ennen kyyneleitä

Birgit Kronström (1905-1979)

Päätoimisen uransa Svenska Teaternissa tehnyt Birgit Kronström saattaa olla tuttu vanhojen Suomi-Filmi -elokuvien ystäville. Kronström opiskeli laulua ja pianonsoittoa konservatoriossa. Teatterissa hänellä oli näytelmien ohella runsaasti tehtäviä opereteissa kotimaassa ja Ruotsissa. Elokuvaroolit olivat pääosin musiikkipitoisissa komedioissa, joiden laulutallenteista tunnetuimpia ovat *Itke en lemmen tähden* ja *Katupoikien laulu*, joka oli yksi suosituimmista sota-ajan iskelmistä. Levytykset ajoittuvat vuosille 1938-50.

Suosittelen kuunneltavaksi:

Amor hoi, Itke en lemmen tähden, Katupoikien laulu, Markan tähden, Piste-laulu, Päin onnen rantaa, Tanssiva caballero, Vaikka vartaloltain oonkin pieni

Seija Lampila (1936-2021)

Nuorena Kansallisoopperan lapsiryhmässä balettia tanssinut Seija Lampila sai hyvää esiintymiskokemusta harrastuksensa parissa. Lampila lauloi mm. Onni Gideonin, Toivo Kärjen, Kullervo Linnan ja Jaakko Salon yhtyeiden solistina. Laulutunneilla hän kävi Olavi Nybergin opissa. Ensimmäinen levytys *Jos/Salama kirkkaalta taivaalta* ilmestyi vuonna 1951. Seuraavana vuonna tuli voitto Pohjolan pääkaupunkien välisen kulttuurikilpailun iskelmäsarjassa. Vuonna 1954 Lampila kiersi vuoden verran Mario Weberin yhtyeen solistina mm. Alankomaissa, Ranskassa ja Sveitsissä laulaen jazzia, chansoneita ja ikivihreitä. Hän ei ollut innostunut suomenkielisestä perusiskelmästä ja jäi siksi välillä vaille työtilaisuuksia ja suurempaa suosiota Suomessa. 1960-luvun alussa Lampila asui esiintymistensä vuoksi välillä Saksassa ja palattuaan Suomeen huomasi kuuntelevan yleisön unohtaneen hänet. Vuosikymmenen alussa ilmestyi enää neljä singleä. Avioiduttuaan vuonna 1964 Seija Lampila muutti Yhdysvaltoihin, jossa hän toimi pitkään suomalaisen kulttuurin edistämiseksi.

Suosittelen kuunneltavaksi:

Aleksanterin jazz-yhtye, Broadwayn rytmi, Desiderio, Habanera, Hyvä näin on, Ikkunaprinssi, Kun taivas itkee, Kylmä rakkaus, Luonasi jos oisin, Madame la Plume, Ota tai jätä, Nuestro concierto, Pikku prinssi päivänpaiste, Poesia en movimiento, Rakkauden kiertokulku, Sarah, Sellaista on elämä, Sumuinen päivä, Taivaan sinessä, The Way You Look Tonight, Tuo suru jonka sain

Lea Laven (s. 1948)

Vuonna 1966 tuntematon laulajanalku asteli kohti Haukiputaan Alikosken lavaa ja pyysi saada laulaa paikalla olleen Pentti Oskari Kankaan orkesterin säestämänä. *Twilight Time* -esitys onnistui niin hyvin, että sen jälkeen Lea Laven keikkaili pari vuotta yhtyeen solistina. Vuonna 1969 ilmestyneen ensisinglen B-puoli *Se on elämää* sai mukavasti radiosoittoa, ja seuraavana vuonna julkaistiin albumi nimeltä *Se jokin*. 1970-luvun alussa linja oli rockahtava, mutta vuonna 1974 ilmestyneen *Niin*-albumin myötä iskelmällisempi tyyli alkoi hahmottua. Kestohitiksi levyltä nousi *Tumma nainen*. Tummasta äänestään helposti tunnistettava laulaja on osallistunut kansainvälisiin laulufestivaaleihin mm. Bulgariassa, DDR:ssä, Egyptissä, Puolassa ja Romaniassa. Syksyn Sävel -menestykset tulivat vuosina 1979 ja 1999. Voitokkaat laulut olivat *Ei oo, ei tuu* sekä *Nyt kun oot mennyt*. Persoonallisen tulkitsijan suosio on ollut tasaista halki vuosikymmenten. Pitkäsoitoista useampi on ylittänyt kultalevyrajan myynnillään. Uran myöhemmän vaiheen uusista aluevaltauksista mainittakoon mukanaolo Seinäjoen kesäteatterin musiikkinäytelmässä *Musta-laisleiri muuttaa taivaaseen* vuonna 2010 sekä päähenkilön lauluosuuksien äänittäminen vuonna 2021 ilmestyneeseen elokuvaan *70 on vain numero*.

Suosittelen kuunneltavaksi:

Aamulla rakkaani näin, Avaan sinulle, Chanson d'amour, Insieme a te, Hamppu-aave, Hän mennyt on, I'm a Fool to Want You, Ja silti jään, Jää vielä aamuun, Käy luonain eilinen, Lahjan sain, Loppumaan ken sateen saisi, Niin, Niin paljon, On ja ei, Pois pyyhi kyyneleet, Rakastan saavuthan, Se jokin, Sen eläisin uudelleen, So-ley soley, Sunny, Supertähti, Tumma nainen, Tänään tarvitsen sua niin, Vie meidät rakkau-teen, Viittä vaille viis, Vuosikertaa, Yksi kasvo-ton

Pirjo Lehti (s. 1953)

Ensimmäinen laulukilpailuvoitto osui Pirjo Lehden kohdalle jo 14-vuotiaana. Kolme vuotta myöhemmin vuonna 1969 ilmestyi single *Jos vielä kohdataan/Auringonpistos*. Samoihin aikoihin alkoi keikkailu Pekka Nurmikallion yhtyeen solistina, ja Saksassakin Lehti esiintyi hetken aikaa unkarilaisen yhtyeen solistina. Yhteistyö Erik Lindströmin kanssa tuotti esikoisalbumin *Etkö uskalla mua rakastaa* vuonna 1975. *Mikado*-nimistä euroviisukäännöstä lukuun ottamatta pitkäsoitto jäi vaille suurempaa huomiota. Hiukan enemmän näkyvyyttä toivat osallistumiset Syksyn Sävel -kilpailuun vuonna 1980 kappaleella *Portit* sekä Kevään Sävel -kilpailuun vuonna 1985 kappaleella *Mua älä jätä yöhön*. 1980-luvun jälkeen tummaääninen Pirjo käänsi lehteä, ja päätoiminen laulajanura sai jäädä. Myöhemmin on ilmestynyt muutamia levytyksiä, ja laulunopettajaksi kouluttautunut artisti on ennättänyt toimia myös kuoronjohtajana.

Suosittelen kuunneltavaksi:

*Kun mentiin hotelliin, Lennä, Luona keittiön
pöydän, Mikado, Portit, Pub, Valot sammuvat,
Vie minut pakoon*

Marjatta Leppänen (s. 1937)

Marjatta Leppänen aloitti keikkailun Pelimanni-pojat -yhtyeen solistina vuonna 1956. Ensimmäinen single *Tee kuinka vain/Tietää tähti jokainen* ilmestyi vuonna 1961, ja levytyksiä ilmestyi tasaisesti vuosikymmenen loppuun saakka. Yksi tunnetuimmista ja edelleen soitetuista kappaleista on vuonna 1965 levytetty *Sydämesi tyhjä huone*. Levytysuraa enemmän Leppänen alkoi keskittyä estradiviihteeseen, ja hän oli mukana monissa ravintolashow-esityksissä Lasse Mårtensonin, Matti Kuuslan ja Jukka Virtasen kanssa. Kahdesta show'sta on säilynyt vinyylitallenteet: *Ilta Adlonissa* (1973) ja *Paita, paita ja peppu* (1975). Marjatta Leppänen on yksi vuonna 1979 perustetun Uuden Iloisen Teatterin perustajajäsenistä. Hän lauloi ja näytteli vuosikausia osana teatterin ensemblea.
Vuonna 1975 ilmestyi laulajan nimeä kantanut sooloalbumi, jossa painottuivat Leppäsen taidot laulelmallisen aineiston parissa. Onnistuneimmissa kappaleissa tekstilähtöisyys ja tarinan kertominen ovat vahvasti läsnä. Laulamisen lisäksi Marjatta Leppänen muistetaan televisio-ohjelmista, erilaisista juontotehtävistä

sekä Puhelinlangat laulaa -ohjelman pitkäaikaisena juontajana.

Suosittelen kuunneltavaksi:

Aamu niityllä, Kielletty rakkaus, Mies yli laidan, Onni, Rakastatko vielä mua kun heräät, Se kuuluu eiliseen, Sellainen mies, Sydämesi tyhjä huone, Tänä vuonna on toisin, Vaikeuksia

Helena Lindgren (s. 1957)

Maskeeraajana ja meikkitaiteilijana alun perin tunnettu Helena Lindgren pääsi mukaan musiikkimaailmaan jo 1970-luvulla veljensä Heimo "Holle" Holopaisen vanavedessä. Hän esiintyi mm. Hectorin HEC-yhtyeessä ja Eeki Mantereen duettoparina *Alligator*-show'ssa artistinimellä Annabella. Maskeeraajan työt teatterissa, elokuvissa ja oopperassa jättivät laulamisen taka-alalle. Vuonna 1981 Lindgren nähtiin euroviisukarsinnoissa Frederikin *Titanic*-esityksen taustakuorossa, ja vuonna 1984 hän vieraili Riipisen *Itäistä pituutta* -albumin *Kultainen kolmio* -nimisellä kappaleella yhdessä Pelle Miljoonan kanssa. Paluu laulun pariin tapahtui, kun Helena Lindgren houkuteltiin mukaan oopperan henkilökunnasta koostuvan yhtyeen keikalle. Sooloura käynnistyi vuonna 1994, ja vuonna 1997 ilmestyi albumi *Kauneuden lähteille*. Musikaalirooli osui kohdalle *Piukat paikat* -produktiossa Poleenin teatterissa vuonna 2008 ja Teatteri provinssissa vuonna 2010. Entisen puolisonsa Jorma Uotisen kanssa Helena Lindgren on esiintynyt mm. *Passione*-konsertissa, jossa mukana oli myös Marika Krook. Viimeisin albumi nimeltä *Kiss* ilmestyi vuonna 2007.

Suosittelen kuunneltavaksi:

Kultainen kolmio, Onnen lintu, Suviyön akordi, Yksinäisyys

Tamara Lund (1941-2005)

Tamara Lundin ura iskelmien parissa jäi melko lyhyeksi. Hän voitti vuonna 1959 Ponnahdus pinnalle -laulukilpailun, minkä jälkeen hän opiskeli Sibelius-Akatemiassa ja Teatterikoulussa ja julkaisi kaksi singleä vuonna 1962 artistinimellä Ira Petri. Vuosina 1963-67 Lund työskenteli Turun kaupunginteatterissa, jossa hän oli mukana musikaaleissa, opereteissa ja näytelmissä. Vuonna 1967 Tamara Lund sai kiinnityksen Suomen Kansallisoopperaan, ja sieltä hän siirtyi 1970-luvun alkupuolella Länsi-Saksan operettilavoille ja palasi Suomeen pysyvästi vasta seuraavan vuosikymmenen lopulla. Ensimmäinen Tamara Lund -nimellä julkaistu levytys, vuonna 1963 ilmestynyt *Valkoakaasiat/Katjushka*, menestyi hyvin. Sitä seurasi monta ikivihreäksi muodostunutta levytystä. Lund näytteli Suomen Filmiteollisuuden elokuvissa ja oli tuttu televisiokasvo mm. euroviisukarsinnoista. Hän kuului siihen harvalukuiseen oopperalaulajien joukkoon, jonka jäsenet pystyvät laulamaan luontevalla tekniikalla myös iskelmä- ja viihdemusiikkia. Myöhemmin hän teki kiertueita, joiden ohjelmisto sisälsi opereteista, musikaaleista ja iskelmistä koottua materiaalia.

Suosittelen kuunneltavaksi:

Hyväile hyväile vaan, Jäljet hiekassa, Lapin tango, Marraskuu, Miller-tango, Märkää asfalttia, Olen mikä olen, Ota tai jätä, Silti uskoisin, Sinun omasi, Vaikene sydän, Yksinäinen pihlaja

Maarit (s. 1953)

Tinkimätön omantienkulkija, muusikko, säveltäjä, sanoittaja ja takavuosien taustakuorojen luottolaulaja Maarit aloitti levytysuransa kunnianhimoisesti Love Recordsilla. Ensimmäinen single *Aamun tulo/Nyt olen tullut maailmaan* julkaistiin vuonna 1972. Seuraavana vuonna ilmestyneellä *Maarit*-albumilla oli mukana nimekkäitä tekijöitä: tuottajana Otto Donner, muusikkoina Wigwam ja Albert Järvinen, sanoittajina mm. Hector, Atte Blom ja Dave Lindholm. Vuonna 1974 Maarit tutustui mieheensä, muusikko Sami Hurmerintaan. Alkoi kiinteä musiikillinen yhteistyö, jonka seurauksena ilmestyi Maaritin toinen sooloalbumi vuonna 1975. Perheenlisäys aiheutti parin vuoden tauon esiintymisiin. Sen jälkeen levy-yhtiö vaihtui ja ilmestyi *Jäätelökesä*, yksi uran suurimmista hiteistä. Näihin aikoihin Maarit oli maamme käytetyimpiä taustalaulajia levytysstudioissa ja viihdekonserteissa. Maarit ja Sami Hurmerinnan yhteistyö on jatkunut pitkään. Albumeita on ilmestynyt tasaisesti vuosikymmenestä toiseen. Vuonna 1994 pariskunta huomioitiin Vantaan kulttuuripalkinnolla.

Suosittelen kuunneltavaksi:

All Night, Ei vaadi paljon vain kaiken, Helmet kyynelten, Hiekka ja meri, Hoida itses kuntoon, Jäätelökesä, Kesäyö, Laakson lilja, Lainaa vain, Laulu isälle, Merimies, Nuolenpää, Siivet saan, Sua ehkä liikaa pomputin, Tuskan tanssi, Tuuli ja taivas, Vain öisin, Yhteen kuulutaan

Ragni Malmsten (1933-2002)

Tunnetun musiikkisuvun kasvattina Ragni Malmsten kasvoi musiikin parissa piano- ja laulutunteineen. Opinnot Sibelius-Akatemiassa jäivät kesken, kun viihdemusiikki veti laulajaa enemmän puoleensa. Ensimmäiset levytykset PSO-yhtiölle olivat lastenlauluja, kuten *Mikkihiiri koskenlaskussa* (1954) ja *Neljä kissanpoikaa* (1955). 1960-alussa Malmsten työskenteli Musiikki-Fazerilla mm. Suosikki-lehden toimittajana. Hän tutustui tuolloin Reino Helismaahan ja Toivo Kärkeen. Yhteistyön synnyttämistä levytyksistä tunnetuimpia oli vuonna 1962 ilmestynyt single *Unohtumaton Elmeri/Aaltoskan haitariswingi*. Ragni Malmsten oli tuttu kasvo 1960-luvun viihdeohjelmissa. Hän toimi musiikkialan taustavaikuttajana mm. Solo ry:n ja Georg Malmsten -säätiön puheenjohtajana. Vuonna 1975 häneltä ilmestyi pitkäsoitto *Vain hetkeä mä sulta pyydän*, joka oli ilmeeltään laulelmallinen ja kevyen jazzahtava. Albumin tunnetuin kappale on Malmstenin oma sävellys *Mä laihdutan*. Laulu ilmestyi myös ruotsinkielisellä *Vardagsmorgon*-albumilla nimellä *Samba banta* vuonna 1991. Viimeiset levytykset olivat kolme englanninkielistä viihdeklassikkoa, jotka ilmestyivät albumilla *Raimo Virtasen yhtye: levytyksiä vuosilta 1958-2001*.

Suosittelen kuunneltavaksi:

Aaltoskan haitariswingi, Ballad, Barn av solen, Kerran kesällä, Martan laulu, Mä laihdutan, Olavi, Sä muistatko metsätien, Tuska

Pirkko Mannola (s. 1938)

Pirkko Mannolan laulajanura sai lentävän lähdön Miss Suomi -voiton vauhdittamana vuonna 1958, jolloin hän pääsi levyttämään ensimmäisen singlensä *Minä rakastan sinua, Gabriel/Hopeakuu*. Levytyksen jälkeen alkoi keikkailu Kullervo Linnan yhtyeen solistina. Muutamien levytysten jälkeen ensimmäiseksi hitiksi nousi vuonna 1960 julkaistu kappale *Kuinka rakkaus alkoi*. 1960-luvun alku oli vilkasta aikaa, sillä monien elokuvaroolien lisäksi Mannola esiintyi ja levytti myös Länsi-Saksassa. Vuonna 1961 toteutunut vierailu Berliinin elokuvajuhlilla esiintymisineen poiki levytyssopimuksen Teldec-levy-yhtiön kanssa. Artistinimeksi lyhennettiin Pirkko Manola. Levytyksiä tehtiin sekä soolona että Wyn Hoopin kanssa duettona. Vuonna 1962 duo osallistui Länsi-Saksan euroviisukarsintoihin kappaleella *Mama will dich sehen*. Samana vuonna Mannola oli mukana myös Suomen viisukarsinnoissa laululla *Sitä rakkaus on* ja vuonna 1964 kappaleella *Bzzz-bzzz-bzzz!*. Vuonna 1963 Pirkko Mannola lauloi Lilla teaternissa musikaalissa *Åttan*, ja sen jälkeen musikaalin suomenkielisessä versiossa Tampereen teatterissa. Musikaalirooleja on ollut vielä

2000-luvullakin Åbo Svenska Teaternissa. 1960-luvun lopulla Mannola kiinnitettiin Intimiteatteriin ja näyttelemisestä tuli päätyö. Tunnetuimmat levytykset tehtiin 1960-luvulla, mutta vuonna 1986 ilmestyi albumi *On vanha lempi rinnassain*, ja vuonna 1997 pitkäsoitto *Brita, Pirkko ja Vieno - Kulta-ajan tähdet*. 1990-luvulla Vieno Kekkonen, Brita Koivunen, Pirkko Mannola kiersivät yhdessä konserttilavoilla ja keikoilla.

Suosittelen kuunneltavaksi:

Autoajelulla, Bam-schi-bam, Cerasella, Billy-Billy Boy, Kuinka rakkaus alkoi, Liebe und Mondschein, Luotain hiivit pois, Maailman paras levy, Mua aika opettaa, Oi mitkä tunteet, Painan vain pääni, Suukkopanttileikki, Sydän ohjaa tietäni

Eija Merilä (s. 1946)

15-vuotiaana keikkailun paikallisorkestereiden solistina aloittaneen Eija Merilän tie levytysstudioon kävi iskelmälaulukilpailun kautta. Sijoitus kilpailussa oli toinen, ja raadissa istunut Veikko Ahvenainen järjesti tuolloin 16-vuotiaalle Merilälle koelaulun Scandiaan. Single *Yö taigalla/Kun sinua katselen* ilmestyi vuonna 1964, jolloin levytettiin myös suurempaan menestykseen yltänyt *Yö saaristossa*. Tunnetuin hitti *Luvannut en ruusutarhaa* keikkui listoilla vuonna 1971. Merilä esiintyi myös teatterimusikaaleissa ja oli mukana TV-ohjelmassa *Lumilinna*, joka voitti vuonna 1965 Montreux´n kultaisen ruusun. Vuonna 1976 Eija Merilä koki uskonnollisen herätyksen ja vaihtoi viihdemusiikin hengelliseen musiikkiin, jonka parissa on syntynyt myyntimenestyksiä ja tehty kiertueita ympäri maailmaa.

Suosittelen kuunneltavaksi:

Iät ja ajat, Luvannut en ruusutarhaa, Mä meidän maalle tahdon takaisin, Mä tahdon teidän oppivan, Pieni sydän, Rakkautemme muisto, Yö saaristossa, Äiti sun kaltaises

Metro-tytöt

Vuosina 1947-1959 toimineen Metro-tytöt -lauluyhtyeen alkuperäisjäsenet olivat sisarukset Anna-Liisa (1912-70) ja Hertta Väkeväinen (1916-2010) sekä heidän serkkunsa Annikki Väkeväinen (1921-2009), jonka tilalle melko pian tuli Tamara Hramova (1926-2003). Yhtyeen tarina alkoi, kun sen laulajat kutsuttiin esiintymään pikkujouluihin Helsinkiin. Trioa tuolloin säestänyt nainen pyysi laulajat Helsingin Työväentalolle, jossa pianon ääressä odotti tunnettu kapellimestari ja säveltäjä Harry Bergström. Alkanut yhteistyö kasvatti ensimmäisen kypsän hedelmänsä vuonna 1949, kun Metro-tytöt levytti Bergströmin säveltämän laulun *Ethän minua unhoita*. Harmony Sisters -yhtyeen asetuttua Ruotsiin Metro-tytöille syntyi lauluyhtyeen kokoinen aukko täytettäväksi Suomessa. Vuosikymmenen vaihteen jälkeen Metrotytöt esiintyi Toivo Kärjen ja Jorma Juseliuksen orkestereiden säestämänä. Yhtye levytti useita Toivo Kärjen sävellyksiä, ja se levytti yhdessä mm. Juha Eirton, Jorma Lyytisen ja Matti Louhivuoren, Henry Theelin ja Olavi Virran ja Eero Väreen kanssa. Metro-tyttöjen runsaan levytys-tuotannon menestynein kappale oli vuonna 1954 ilmestynyt *Surujen kitara*.

Suosittelen laulettavaksi:

Desiderio, Ethän minua unhoita, Hiljainen kylätie, Häämuistojen valssi, Jussista saan miehen armaan, Kenpä tietäis sen, Kielon jäähyväiset, Koivu, Kylmät huulet, Muistojen maa, Muistojen nuotiolla, Odotin pitkän illan, Pyynikki-valssi, Rakas rakas rakas, Rakasta kärsi ja unhoita, Ramona, Surujen kitara, Äidin syntymäpäivä

Irina Milan (s. 1947)

Irina Milan on eniten levyttänyt suomalainen naislaulaja. Ei niinkään soolotuotantonsa ansiosta, vaan siksi, että hän oli 1970-luvulla yksi käytetyimmistä taustalaulajista levytysstudioissa. Ensimmäiset singlet ilmestyivät vuonna 1967, ja näistä heti toisella oli hitti: *Vaikka paljain jaloin* soi edelleenkin radiokanavilla, ja se löytyy myös karaokelistoilta. Aluksi ohjelmisto oli popmusiikkia ja iskelmää, mutta 1970 luvulla alkoi yhteistyö mm. Jorma Panulan kanssa. Vanhempi polvi saattaa muistaa laulajan valtavirrasta poikkeavista kappaleista, joilla hän osallistui Syksyn Sävel -kilpailuun: *Miesparka* (1975), *Vanhan riekon laulut* (1976), *Piru mieheks* (1977), ja *Surun lempilapsi* (1980). Vastapainona omalle taiteelliselle uralleen Milan esiintyi ja levytti Silhuetit-yhtyeen kanssa. Yhtyeen suurin hitti oli vuonna 1977 ilmestynyt *Jos mulle sydämesi annat*. 1970-luvun jälkeen Irina Milan keskittyi musikaaleihin ja teatteriproduktioihin sekä lauluvalmennukseen. Laulajan moni-ilmeisyys soveltui hyvin estradeille. Äänessä ja tulkinnassa on dramaattista voimaa ja temperamenttia, jolle vertailukohta löytyy italialaisesta laulajasta nimeltä Mina. Irina Milan on levyttänyt suomeksi Minan *E poi* -kappaleen nimellä *Ja silti jään*. Milan on tehnyt myös sanoituksia, joista esimerkkeinä mainittakoon *Ei vaadi paljon vain kaiken, Enkelit heittää arpaa, Piru miheks, Surun lempilapsi ja Yes sir alkaa polttaa.*

Suosittelen kuunneltavaksi:

Casse croute, En saa laulaa, Grönt, Ja silti jään, Join kaiken pois, Kevättä ilmassa, Kuinka tietää voin, Kultatukka, Laulu stadille, Meri missä on rakkaani? Miesparka, Nainen odottaa saa, Piru miheks, Pois jäi työhön soitot, Päättymätön laulu, Rakkuslulu, Surun lempilapsi, Talo ei ole koti, Vaikka paljain jaloin, Vain sinulle laulun tein

Muska (s. 1952)

Muska päätyi veljiensä Kirkan ja Sammyn vinkkaamana mukaan Dannyn D-tuotantoon. Kesällä 1969 hän oli mukana Kirkan kesäkiertueella ja seuraavat pari kesää Dannyn kiertueilla. Vuonna 1971 ilmestynyt ensimmäinen single *Kirjoita postikorttiin/Hei, on meillä bailut* menestyi hyvin. Vuonna 1973 ilmestyi *Muska*-niminen albumi, jonka hittejä olivat *Krokotiili rock* ja *Jambalaya*. Kappaleet edustivat naisartistille uutta rockahtavaa tyyliä, ja Love Recordsin studiossa taustalla soittivat nimekkäät muusikot Wigwam-yhtyeestä Albert Järvisellä vahvistettuna. Muska kiersi keikoilla aluksi Orfeus-yhtyeen kanssa. Pian yhtyeeksi vaihtui Hot Dogs, joka teki yhteiskiertueet mm. Hurriganesin ja Rauli Badding Somerjoen kanssa. Vuonna 1974 Muska osallistui veljensä Ykän kanssa euroviisukarsintoihin kappaleella *Senhän sanoo järkikin*. *Tää se päivä on* -niminen albumi ilmestyi vuonna 1977, ja vuoden 1979 euroviisukarsinnoissa Muska oli mukana veljensä Kirkan ja sisarensa Annan kanssa kappaleella *Aikuiset anteeksi antaa*. 1980-luku oli hiljaista aikaa, sillä Muska alkoi työskennellä ohjelmatoimistossa ja asui useita vuosia Yhdysvalloissa. Suomessa hän esiintyi vain kesäisin. Vuonna 1990 Muska piipahti osallistumassa Syksyn Sävel -kilpailuun kappaleella *Pidä kii*, jonka ympärille koottiin seuraavana vuonna ilmestynyt samanniminen albumi. Tästä alkoi tiiviimpi paluu estradeille, ja pitkäsoittoja on ilmestynyt uudella vuosituhannellakin.

Suosittelen kuunneltavaksi:

Hei on meillä bailut, Häämuistojen valssi, Jambalaya, Jari ja Mari, Kalifornian aurinkoon, Kirjoita postikorttiin, Krokotiili rock, Kun oot 52, Lauantaina jytää, Paha tyttö, Rock'n roll kiertää, Sua idoloin, Tää se päivä on, Vähän ennen kyyneleitä, Yön enkeli

Mimmi Mustakallio (1945-2002)

Lukiolaisena kitaransoiton aloittanut ja koulun kuorossa laulanut Mimmi Mustakallio levytti vain kaksi singleä vuosina 1971-72, mutta kappaleet *Borriquito* ja *Varkaat kulkurit* ovat jääneet elämään. 1960-luvulla Espanjassa oleskellut laulaja sai vaikutteita flamencosta ja oppi paikallisilta kitaristeilta Suomessa tuolloin harvinaisen soittotyylin. Temperamenttinen laulu ja kitaransoitto sekä ohjelmistoon kuuluvat espanjankieliset laulut tekivät esittäjästään suositun ja muista erottuvan artistin. Julkisuus ja keikkaelämä eivät kuitenkaan houkutelleet pitkään. Myöhemmin Mustakallio piti musiikkileikkikoulua Ylivieskassa ja Tampereella.

Suosittelen kuunneltavaksi:

Borriquito, Menina, Sydämeni on viulu, Varkaat kulkurit

Ritva Mustonen (s. 1940)

Toivo Kärki otti talliinsa laulukilpailuihin osallistuneen Ritva Mustosen. Ensimmäinen single *Onnen saari/Illusion* ilmestyi vuonna 1959, ja ensimmäinen suurempi hitti *Merimies, kotimaasi on meri* ilmestyi vuonna 1960. Osallistuminen vuoden 1961 euroviisukarsintoihin ei tärpännyt, mutta Mustonen pääsi edustamaan Suomea ensimmäisille Sopotin iskelmäfestivaaleille Valto Laitisen kappaleella *Quelquepart sur la mer*. 1950-luvun lopusta alkaen Ritva Mustonen lauloi Olli Hämeen, Esa Katajavuoren ja Rauno Lehtisen yhtyeiden solistina. Vuosina 1965-66 hän lauloi miehensä Heikki Laurilan yhtyeessä. Aktiivinen levytyskausi kesti 1970-luvun puoliväliin. Soololevytysten lisäksi syntyi muutamia lastenlauluja duettona tyttären, Mari Laurilan kanssa. Vuonna 1966 Mustonen oli mukana Lasse Mårtensonin säveltämässä kristillisessä jazzmessussa *Voiko sen sanoa toisinkin*. Teokseen pohjautuva albumi ilmestyi seuraavana vuonna, ja sen tunnetuin kappale on Mustosen laulama *Jumala rakastaa maailmaa*, joka oli aikansa radiohitti. Vuonna 1981 Heikki Laurila ja Ritva Mustonen julkaisivat *Tal-

lella-albumin, joka koostui laulelmista ja kansanlauluista. Sibelius-Akatemiasta musiikinopettajaksi valmistunut Mustonen piti päätyönään pitkään omaa musiikkileikkikoulua.

Suosittelen kuunneltavaksi:

Hawaijin keltainen kuu, Ikäväni laulu, Jumala rakastaa maailmaa, Kuolleet lehdet, Liian monta ystävää, Miksi miksi miksi, Onnenrasia, Taikamatto, Tyttö kulmapöydässä

Irmeli Mäkelä (s. 1942)

Laulua musiikkiopistossa opiskellut Irmeli Mäkelä osallistui 15-vuotiaana iskelmälaulukilpailuun, josta Heimo Häkkinen poimi hänet yhtyeensä solistiksi. Eräällä keikalla Haminassa Lasse Liemola kuuli nuorta laulajaa ja vaikutti siihen, että tämä sai levytyssopimuksen. Vuonna 1958 ilmestyi ensimmäinen single *Viisi minuuttia/Syysmuisto*. Mäkelä pääsi solistiksi Erik Lindströmin yhtyeeseen ja levytti mm. tämän tunnetut kappaleet *Liian vähän aikaa* ja *Virran viemää*. Vuonna 1963 Irmeli Mäkelä voitti euroviisukarsinnat kappaleella *Muistojeni laulu*, mutta skandaalinkäryisesti Suomea lähti lopulta edustamaan Laila Halme. Virallista syytä artistin vaihtamiselle ei koskaan kerrottu, mutta Mäkelä itse on arvellut syyn liittyneen levy-yhtiöiden välisiin koukeroihin. Aktiivinen levytysura ja keikkailu jatkui 1960-luvun loppuun, minkä jälkeen Mäkelä keskittyi enemmän ooppera- ja operettiproduktioihin. Vuonna 2003 Mäkelä oli mukana Erik Lindströmin sävellyksiä sisältävällä *50-70-luvun ladyt* -albumilla.

Suosittelen kuunneltavaksi:

Hymni rakkaudelle, Kultainen ruusu, Kun ohi käyt, Liian vähän aikaa, Muistojeni laulu, On suru jäänyt sydämeen, Satamassa yö, Sulle salaisuuden kertoa mä voisin, Sä oot mun tangoystäväin, Toinen oikealta, Yön värit

Maire Ojonen (1916-1995)

Kotkan pelastusarmeijassa laulamaan ja kitaraa soittamaan oppinut Maire Ojonen tunnetaan parhaiten yhdessä sisarustensa Raija ja Veran kanssa muodostamasta kansainvälistäkin menestystä saavuttaneesta Harmony Sisters -yhtyeestä. Kokoonpano levytti ja esiintyi ahkerasti vuosina 1934-56 sekä kotimaassa että ulkomailla. Ensimmäinen Ojosen soololevytys *Pieni sydän/Ruiskaunokki* ilmestyi vuonna 1939 artistinimellä Laulusirkka. Muut soololevytykset nimellä Maire Ojonen ilmestyivät vuosina 1945-56, minkä jälkeen laulaja muutti pitkäksi aikaa Yhdysvaltoihin. Sisaruksista Raija levytti myös jonkin verran soololevytyksiä, joista useimmat olivat ruotsinkielisiä ja Ruotsissa Raya Ravell -nimellä julkaistuja.

Suosittelen kuunneltavaksi:

Can't Help Lovin' Dat Man, Domino, Höstdrömmar, Joet tulvimaan itke, I'm Beginning to See the Light, Kuolleet lehdet, Sua silmäni seuraa, Tango illusion, Tanssi kanssani, Uinuvalla laguunilla

Aulikki Oksanen (s. 1944)

Parhaiten kirjailijana tunnetun ja poliittisen laululiikkeen parissa laululyyrikkona toimineen Aulikki Oksasen sanoituksista on monista tullut ikivihreitä. Yksi keskeisimmistä Oksasen sanoittamista lauluista on *Sinua, sinua rakastan*, jonka Kai Chydenius sävelsi ja lauloi elokuvaan *Asfalttilampaat* vuonna 1968. Oksasen laululyriikkaa ovat Chydeniuksen lisäksi säveltäneet tai esittäneet mm. Otto Donner, Kristiina Halkola, Vuokko Hovatta, Tuure Kilpeläinen, Kaisa Korhonen, Kerkko Koskinen ja Arja Saijonmaa. Oksanen on levyttänyt myös itse omia tekstejään, joita ilmestyi *Aulikki Oksasen lauluja* -nimisellä kokoelmalla vuonna 1997.

Suosittelen kuunneltavaksi:

Aamu saapuu arkana, Balladi Ilmarista, Hyvästi, Huomenna on paremmin, Kaunein uni, Kirkonkylän kahvilassa, Missä armaani vieläkin viipyy

Ritva Oksanen (s. 1939)

Näyttelijä ja teatterineuvos Ritva Oksanen aloitti laulukeikat 14-vuotiaana jyväskyläläisen LL-Kvintetin solistina. 18-vuotiaana hän alkoi näytellä Jyväskylän Huoneteatterissa, ja vuosina 1960-63 hän opiskeli Teatterikoulussa. 1970-luvun alkuun asti Oksanen oli kiinnitettynä eri teattereihin, minkä jälkeen hän ryhtyi freelanceriksi. Ensimmäinen levytys *Yön timantit ilmestyi* vuonna 1968, ja vuonna 1970 julkaistiin hitiksi noussut *Maria-Isabel*, joka oli duetto Ossi Ahlapuron kanssa. Syksyn Sävel -kilpailuun vuonna 1971 osallistuneesta kappaleesta *Tuli mies* on muodostunut klassikko. Euroviisukarsintoihin Oksanen osallistui vuonna 1974 kappaleella *Musta tango*, ja Sopotin laulufestivaaleilla hän edusti Suomea vuonna 1979 kappaleella *Tuulessa soitto sousi*. Tumma-ääninen Ritva Oksanen on levyttänyt ja esittänyt monipuolista ohjelmistoa. Näytelmäroolien lisäksi hän on esiintynyt musikaaleissa ja musiikkinäytelmissä mm. Helsingin Kaupunginteatterissa, Hämeenlinnan Teatterissa ja Suomen Kansallisteatterissa. 1970-luku oli tiivistahtinen viihdemaailman kuvioineen. Sen jälkeen oli aika pysähtyä ja keskittyä teatterityöhön. 1990-

luvun lopulla Oksanen alkoi jälleen levyttää ja esiintyä myös laulajana säännöllisesti.

Suosittelen kuunneltavaksi:

Aamu aamu mitä yölle teit, Aikeet arvaan, Annalle, Kesäyö, Kevät tulee, Kuudes marraskuuta, Mihin onni menee, Olkoon niin, Polly Garter, Rappiotango, Sieluni matka, Sisältäni portin löysin, Tallinnan illat, Tuli mies, Tyttö ja ensilempi, Vaimon laulu, Voiko naista näin käsitellä

Sinikka Oksanen (s. 1933)

Jazzlaulajana profiloitunut Sinikka Oksanen voitti vuonna 1951 Doris Day -laulukilpailun ja sai kiinnityksen Onni Gideonin yhtyeeseen. Vuosina 1953-57 hän esiintyi Erik Lindströmin yhtyeen solistina, ja 1955-1962 hän näytteli Ylioppilasteatterissa. Säännölliset esiintymiset laulajana jatkuivat vuoteen 1961, pisimpään Aaro Söderbergin yhtyeen kanssa. Levy-yhtiöiden ovet eivät auenneet Oksaselle, koska hän tahtoi laulaa vain englanninkielistä ikivihreää ohjelmistoa, eikä voinut kuvitellakaan laulavansa esimerkiksi aikanaan suosittuja tangoja. Oksanen esiintyi kuitenkin muutamia kertoja Yleisradiossa vuosina 1959-1966. Osa esityksistä on säilynyt kotinauhoitetuilla kelanahoilla, joista koostettiin cd-levy vuonna 2005 nimellä *Sinikka Oksanen – Antero Stenberg – Radio Sessions 1959-1966*. Sinikka Oksasen esitys Esa Pethmanin sävellyksestä *the Flame* on säilynyt osana Loco-motion -viihdeohjelmaa, joka osallistui Montreux'n Kultainen ruusu -kilpailuun vuonna 1966. On harmi, että tiukasti omasta linjastaan kiinnipitäneeltä tummaääniseltä artistilta ei ole jäänyt levytettyä aineistoa.

Suosittelen kuunneltavaksi:

*Deep Purple, I Cover the Waterfront, Laura,
Summertime*

Anneli Pasanen (s. 1949)

Lukioikäisenä vietetyt kesät Kuopiossa olivat laulu-uran lähtölaukaus Anneli Pasaselle, joka muusikkotuttaviensa houkuttelemana keikkaili tanssiyhtyeen solistina. Lukion jälkeen Pasanen opiskeli pari vuotta Pariisissa, jossa hän kävi myös laulutunneilla. Suomeen palattuaan laulaja ponnahti suuren yleisön tietoisuuteen esiinnyttyään Spede-show'ssa. Hän lauloi ohjelmassa Italian vuoden 1974 euroviisun suomenkielisen version nimeltä *Niin*. Aistikkaan tulkinnan lisäksi huomiota kiinnitti artistin erikoinen kampaus. Ensimmäinen single *Rakastan jokaista päivää/Auringonmaa* ilmestyi vuonna 1976, ja seuraavana vuonna ilmestyi pitkäsoitto nimeltä *Rakastan jokaista päivää*. Viimeinen kolmesta albumista ilmestyi vuonna 1984. Levyn nimikappale oli *Missä olit kaikki nämä vuodet*, jolla laulaja osallistui Kevään Sävel -kilpailuun. Vuosikymmenen puolivälin tienoilla Pasanen vetäytyi musiikkikuvioista, sillä hän ei erityisemmin pitänyt keikkailusta. Sensuelli ääni istuu parhaiten ranskalaistyylisiin laulelmiin. Myöhemmin Anneli Pasanen on esiintynyt pienimuotoisesti erilaisissa tilaisuuksissa ja laulanut kuorossa, mutta tehnyt varsinaisen työuransa mm. opetusalalla.

Suosittelen kuunneltavaksi:

Eilen kun mä tiennyt en, Kymmenen miestä, Mata Hari, Olet kaikki, Rakastan jokaista päivää, Rakkaus jää, Sierra Nevada, Siitä vaan, Sydämen äänistä yö väräjää, Tällä kertaa jääthän

Pauliina (s. 1948)

Pauliina aloitti laulamisen taiteilijanimellä Paula Suhonen. Vuonna 1966 ilmestynyt ensilevytys oli nimeltään *En voi peittää tunteitani/Hetki jolloin nään*. Vuosikymmenen vaihteessa artistinimeksi vakiintui Pauliina. Laulaminen oli harrastus varsinaisen päätyön ohella. 1970-luvulla Pauliina toimi taustalaulajana, keikkaili soolona ja oli mukana Silhuetit-lauluyhtyeessä. Muutaman singlen lisäksi levytyksiä ilmestyi myös erilaisilla hittikokoelmilla. Vuonna 1982 ilmestyi artistin omalla Paula Erko -nimellä albumi *Aika on minua vastaan - Lauluja luonnosta ja surusta*.

Suosittelen kuunneltavaksi:

Elämän virta, Hetki jolloin nään, Jää vierellein, Keskiyön aikaan, Kultakehrä, Mistä saisin miljoonan, Shoorah! Shoorah!, Surun helmiä

Päivi Paunu (1946-2016)

7-vuotiaasta pianotunneilla käynyt ja koulun kuorossa laulanut Päivi Paunu esiintyi vuonna 1965 Helsingin folkklubilla, josta hänet löydettiin levymarkkinoille. Ensimmäinen single *Aamulla varhain/Mene ikkunani luota* oli kansanmusiikkia ja ilmestyi vuonna 1966. Samana vuonna ilmestyi myös ensimmäinen *Päivi Paunu* -niminen albumi. Keikkailu Herbert Katzin yhtyeen solistina muutti ohjelmistoa folkista lähemmäs iskelmää ja poppia. Vuosina 1966-68 Paunu opiskeli Teatterikoulussa, mutta hän valitsi lopulta kuitenkin laulajanuran. Suurin hitti oli *Oi niitä aikoja*, joka ilmestyi vuonna 1968 ja pysytteli myyntilistoilla monta viikkoa. Päivi Paunu oli tuona vuonna mukana Johnnyn kesäkiertueella ja sitä seuraavana kesänä Dannyn kiertueella. Vuoden 1969 Syksyn Sävel -kilpailuun osallistunut Jukka Kuoppamäen säveltämä *Oi rakkahin* nousi myös listoille. 1970-luvun alussa ilmestyi kaksi ikivihreää duettoa: vuonna 1971 *Mozart 40* yhdessä Aarno Ranisen kanssa ja Euroviisuissa Suomea vuonna 1972 edustanut *Muistathan* Kim Floorin kanssa. Toisen kerran Päivi Paunu osallistui Syksyn Sävel -kilpailuun vuonna 1972 kappaleella *Kuitenkin tiedän sen*. Viimeiseksi hitiksi jäi vuonna 1976 ilmestynyt *Maria, lapsi auringon*. Vuosikymmenen lopulla Paunu lauloi Mirumaru -yhtyeessä, mutta vuonna 1980 laulaminen jäi. Hän aloitti logopedian opinnot ja toimi myöhemmin päätoimisesti puheterapeuttina. Laulaminen jatkui pienimuotoisesti soolona ja mm. Meilahden Motettikuorossa.

Suosittelen kuunneltavaksi:

Aaria, Aamulla varhain, Angie Baby, Eilen kun mä tiennyt en, Hassu huilumies, Hei vain, Hello Love, Jokainen päivä on liikaa, Kauneimmat päivät, Kuitenkin tiedän sen, Kun lauloin uudestaan, Los Pescadores, Lumilintu, Maria lapsi auringon, Nyt kaikki sallitaan, Oi niitä aikoja, Oi rakkahin, Plaisir d'amour, Saat laulun, Se kuuluu eiliseen, Se meitä voimakkaampi on, Summernight, Until It's Time for You to Go

Rauni Pekkala (s. 1942)

Sijoituttuaan toiseksi Pieksämäellä järjestetyissä iskelmälaulukilpailuissa Rauni Pekkala muutti Helsinkiin ja aloitti keikkailun Kai Lindin yhtyeen solistina vuonna 1960, jolloin ilmestyivät myös ensimmäiset levytykset. Pekkala vaihtoi pian yhtyettä ja esiintyi 1960-luvun puoliväliin saakka Herbert Katzin orkesterin solistina. Sen jälkeen vuorossa oli Raimo Henrikssonin AK-yhtye. Aktiivisin levytyskausi kesti vuoteen 1964 saakka. Tanssilavojen lisäksi Rauni Pekkala oli tuttu ääni myös radiossa, televisiossa ja mainoksissa. Laulaminen oli koko ajan kuitenkin sivutoimista. 1980-luvulla tapahtuneen pienimuotoisen paluun jälkeen Pekkala on levyttänyt yhden singlen lisäksi muutamille hittikokoelmille sekä esiintynyt mm. Warkaus Jazz Reunionin, Dixie Harlemin, Jazz Combon ja JASO Big Bandin solistina.

Suosittelen kuunneltavaksi:

Autoajelulla, Ei rakkaus kaipaa seikkailijaa, Juokse kertomaan, Kohti keskipäivää, Lady Sunshine and Mr. Moon, Luonasi oli aina niin ihanaa, Pakoon, Sellainen rakkaus, Sovinto,

Suudelmin suljetut kirjeet, Tää retki sydämen,
Vain kirjeitä kirjoitamme

Eila Pellinen (1938-77)

Onnistuneen koelaulun vakuutettua Toivo Kärjen Eila Pellinen pääsi levyttämään ensimmäisen singlensä *Pakoon, pakoon/ Valtameressä on saari* vuonna 1957. Monista Kärjen Pelliselle tarjoamista kappaleista menestyksekkäin oli *Onni, jonka annoin pois*, joka ilmestyi vuonna 1958. Aluksi Pellinen esiintyi Ossi Runnen yhtyeen solistina, ja vuosikymmenen vaihduttua hän kokosi ympärilleen omaa nimeään kantavan yhtyeen. Levytysura jatkui vuoteen 1964, mutta sen jälkeen esiintymisetkin harvenivat laulajan vetäydyttyä perhe-elämän pariin. Eila Pellinen esiintyi vielä 1970-luvullakin, mutta elämä katkesi syöpään vuonna 1977.

Suosittelen kuunneltavaksi:

Ilta tullut on Roomaan, Missä oot rakkahin, Niin sateinen on tie, Näin kai määrätty on, Onni jonka annoin pois, Surullinen sunnuntai, Sydämeni soi, Särkyneen toiveen katu, Toisen oma, Vihreät niityt, Yön tähtien alla, Yön väistyessä

Eila Pienimäki (s. 1939)

Pienestä pitäen laulamisesta innostunut Eila Pienimäki aloitti keikkailun vuonna 1955 veljensä Maunon yhtyeen solistina. Useista laulukilpailuvoitoista tärkein oli vuoden 1958 iskelmälaulun SM-kilpailun naisten sarjan voitto, jonka jälkeen ovet levytysstudioon aukenivat. Suurin menestys oli vuonna 1959 ilmestynyt *Vanhan veräjän luona*, jonka lisäksi Toivo Kärki sävelsi Pienimäelle useita muitakin hittejä. 1960-luvun alussa laulaja keikkaili Taito Vainion ja Juhani Korjuksen yhtyeiden solistina. Vuonna 1966 hän avioitui ja muutti Yhdysvaltoihin, jossa hän esiintyi Floor-Show -laulajana. Pienimäki vieraili satunnaisesti myös kotimaassa. Suomeen hän palasi vuonna 1980 avioeronsa jälkeen. Esiintymiset ja levytykset ovat jatkuneet uudelle vuosituhannelle, ja laulaja on myös säveltänyt ja sanoittanut jonkin verran omaa tuotantoaan.

Suosittelen kuunneltavaksi:

Itke en lemmen tähden, Jos petät minut, Kahden bossa nova, Kenties, Kuiskaa minulle, Mikä sinun oikein on, Missä ovat sanasi, Noin kello seitsemän, Rakkauden arvoitus, Rakkauden valo, Sinä minä ja kuu, Sydänyön hetki, Tulen-liekki, Vanhan veräjän luona, Älä lähde pois

Greta Pitkänen (1911-38)

Nuorena menehtynyt Georg Malmstenin sisar Greta Pitkänen tunnetaan parhaiten veljensä kanssa levytetyistä Mikkihiiri-levytyksistä. Vuosien 1934-37 välillä Pitkänen levytti soolona kappaleet *Baby, Päivänsäde* ja *Usein itken illoin*. Lisäksi hän levytti useita duettoja Georg Malmstenin kanssa sekä *Lapin äiti laulaa* -dueton Eugen-veljensä kanssa. Säestävänä orkesterina toimi Dallapé.

Suosittelen kuunneltavaksi:

Baby, Hiekkarantakuhertelua, Hyljätty nukke, Jää hyvästi Anna, Lapin äiti laulaa, Lemmen liekki leimahtaa, Metsäpirtti, Mikkihiiri ja susihukka, Mikkihiiri ja vuorenpeikko, Mikkihiiri merihädässä, Päivänsäde, Tottelematon Tipi, Usein itken illoin, Viva Espanja

Kaija Pohjola (s. 1951)

Kaija Pohjola voitti ensimmäisen laulukilpailunsa 14-vuotiaana vuonna 1965. Hän lauloi teini-ikäisenä koulukaveriensa kanssa perustamassaan yhtyeessä. Osallistuminen Intro-lehden vuonna 1969 järjestämään Tähtijahti-kilpailuun poiki *Dong Hoin tyttö* -nimisen levytyksen kokoelmalevylle *Tähtijahti '69*. Päivätöistä ja perhesyistä johtuen laulurintamalla oli pitkään hiljaista. Varsinainen läpimurto tapahtui vuonna 1991, jolloin Kaija Pohjola voitti Tangomarkkinoiden naisten sarjan. Seuraavana vuonna ilmestynyt *Kultaa kuutamo loi* -albumi myi kultaa. Esiintymiset ja levytykset ovat jatkuneet uudelle vuosituhannelle.

Suosittelen kuunneltavaksi:

Dong Hoin tyttö, Haaveita tanssilavan luona, Kuin viiniä, Kuuma, Lasiset lauseet, Miller tango, Pieni sydän, Seitsemäs aalto, Sirpale onnea, Tanssiaskeleet, Tunteiden takaa, Tuo suru jonka sain

Outi Popp (s. 1957)

Rockradiossa vuonna 1981 esiin noussut ja Radio Cityn perustajiin lukeutuva Outi Popp on pitkän linjan musiikkitoimittaja, joka on myöhemmin vaikuttanut mm. Radiomafiassa, Radio Suomessa ja YLEQ:ssa. Popp osallistui kouluaikoina siskojensa kanssa useisiin laulukilpailuihin. Kieliopintojen ohella hän opiskeli laulua Pohjois-Kymen konservatoriossa, ja kielenkääntäjäksi valmistuttuaan hän jatkoi lauluopintoja Oulunkylän Pop-Jazz Opistossa. 1980-luvun alussa Outi Popp tutustui Heinäsirkkaan, Liisa Akimoffiin, Elisa Korjukseen, Pia Noposeen ja Titta Spoutiin. Porukka ideoi kasaan Nice Night -projektin, jossa oli musiikin lisäksi mukana kirjallisuutta ja tanssia. Esitykset toteutuivat Helsingin Vanhalla Ylioppilastalolla ja Provinssirockissa. Popp toimi noihin aikoihin myös taustalaulajana studiossa sekä eri artistien keikoilla. Lisäksi hän esitti laulelmia Frank Robsonin ja Vanha Isäntä -yhtyeen kanssa. Single *Silmät anteeksi saa/Paperilyhty* ilmestyi vuonna 1984, ja seuraavana vuonna valmistui *Astu siniseen huoneeseeni* -niminen albumi. Vuonna 1987 Popp levytti EP-levyllisen kappaleita Jasmin Go-Go -yhtyeen kanssa.

Suosittelen kuunneltavaksi:

Jää luoksein, Katuni haaveet, Merellä, Paperi-lyhty, Silmät anteeksi saa

Aija Puurtinen (s. 1959)

Musiikin tohtoriksi vuonna 2010 väitellyt Aija Puurtinen tunnetaan parhaiten Honey B and the T-Bones -yhtyeen basistina, kosketinsoittajana ja laulajana. Hän on levyttänyt ja esiintynyt sekä sooloartistina että monissa eri kokoonpanoissa ja säveltänyt musiikkia tanssiesityksiin ja muille artisteille. Laulunopettajana Puurtinen on toiminut mm. Sibelius-Akatemiassa, Helsingin Pop & Jazz Konservatoriossa, Teatterikorkeakoulussa ja Joensuun Konservatoriossa.

Suosittelen kuunneltavaksi:

Ameriikan kontinentti, Brooklynin satu, Easy Baby, I Walk the Line, Ketun morsian, Kiuruvesi, Maantie, Mrs. Bright, One Day You'll Love Me, Orpo, Ruotsalainen majatalo, Sauna Tar & Booze, Speak No Evil

Merja Rantamäki (s. 1957)

Jo 12-vuotiaana keikkailun aloittanut Merja Rantamäki pääsi levyttämään, kun häntä kuullut Markku Aro järjesti koelaulutilaisuuden Toivo Kärjen luona. Vuonna 1976 ilmestynyt ensilevytys *Mä mistä löytäisin sen laulun* oli heti suuri menestys. Muita hittejä olivat *Jossain, Oon tyttö maalta* ja *Sinne*, jolla laulaja oli mukana Syksyn Sävel -kilpailussa vuonna 1978. Pitkäsoittoja ilmestyi vuosittain 1977-1980, ja keikkatahti oli niin hektinen, että laulaja paloi loppuun ja jäi viiden vuoden tauolle viettämään perhe-elämää. Vuonna 1986 Rantamäki palasi keikkailun pariin ja vuonna 1988 ilmestyi pitkäsoitto *Uudelleen jos sinut kohtaisin*. Noihin aikoihin hän esiintyi myös sisartensa kanssa White Angels -kokoonpanossa. Vuosituhannen vaihdetta kohti esiintymisiään harventanut laulaja levytti viimeisimmän pitkäsoittonsa vuonna 1991.

Suosittelen kuunneltavaksi:

Cherbourgin sateenvarjot, Jos nuoruutta sä voisit ymmärtää, Jossain, Lintu ja lapsi, Luona vanhan veräjän, Mä mistä löytäisin sen laulun, Niin opetti mua Sokrates, Oon tyttö maalta, Parhaalle ystävälle, Se aika entinen, Sinne, Veit sydämein

Tuula-Anneli Rantanen (1940-2001)

16-vuotiaana Ponnahdus pinnalle -laulukilpailun voittanut Tuula-Anneli Rantanen levytti vuonna 1956 kappaleen *Kaunis pesijätär*, josta tuli tuon vuoden myydyimpiä levyjä. Vuonna 1958 laulaja alkoi keikkailla miehensä, kitaristi Heikki Huhtasen yhtyeen solistina. Seuraavana vuonna ilmestynyt levytys *Unhoita menneet* kipusi listoille, ja Rantanen esitti laulun myös *Iskelmäketju*-elokuvassa. Kappale *Miksi kuljen* oli Suomen myydyin levy keväällä 1960. Keikkailu Heikki Huhtasen yhtyeen solistina jatkui vuoteen 1984, jolloin Huhtanen menehtyi äkillisesti. Tähän päättyivät myös Rantasen aktiiviset esiintymiset. Viimeiset levytykset löytyvät vuosina 1977-78 ilmestyneiltä kokoelmalevyiltä.

Suosittelen kuunneltavaksi:

Jäähyväiset sumussa, Kaunis pesijätär, Ken löytää sen, Kylmä rakkaus, Minka, Moskovan valot, Päiväkirjani, Rakkauden kiertokulku, Sibonet, Sävel rakkauden, Tonava, Tuntematon hauta, Unhoita menneet

Johanna Raunio (s.1954)

Kansainvälistäkin menestystä kauneuskilpai-
luissa saavuttanut vuoden 1974 Miss Suomi Jo-
hanna Raunio on mallinuransa lisäksi työsken-
nellyt juontajana sekä näytellyt elokuvissa, te-
levisiosarjoissa ja teatterissa. Turun kesäteatte-
rissa vuonna 1989 hän vieraili Lumikin roolissa
ja vuonna 2001 oli vuorossa *Piukat paikat* Hei-
nolan kesäteatterissa. Johanna Raunion keik-
kailu laulajana alkoi vuonna 1993 Atlas-yhtyeen
solistina. Seuraavana vuonna ilmestyi laulajan
nimeä kantava albumi, jonka soitetuin kappale
oli *Päiväkahvimies*. Tunnetulle julkisuuden hen-
kilölle huomio oli taattu sekä televisiossa että
lehtien sivuilla, mutta pitkään laulajanura ei
kuitenkaan kiinnostanut Johanna Rauniota,
jolla oli monta rautaa tulessa. Viimeiset kolme
levytystä ilmestyivät eri kokoelmalevyillä: *Sy-
dän* (1995), *Onnen siivet sydämessä* (1995) ja
Nuoruuden rakkaus (1996).

Suosittelen kuunneltavaksi:

*Flirtaten, Honey Honey, Päiväkahvimies, Riisuu-
dutaan, Sydän*

Iris Rautio (s. 1940)

Iris Rautio osallistui jo teini-ikäisenä iskelmä-laulukilpailuihin, ja voitto tuli iskelmälaulun SM-kilpailun englanninkielisten laulujen sarjassa vuonna 1958. Vuosikymmenen lopulla Rautio oli mukana Jokerit-lauluyhtyeessä, jonka riveissä ilmestyivät ensimmäiset levytykset. Tämän jälkeen hän keikkaili useamman vuoden Jorma Weneskosken yhtyeen solistina. Soololevytysten vuoro tuli 1963, jolloin ilmestyi ensisingle *Rakkaus on ikuinen/Miksi en*. Seuraavana vuonna Rautio osallistui euroviisukarsintoihin kappaleella *Tulen jälkeen*. Vuonna 1967 laulaja oli mukana Kolmiapila-lauluyhtyeessä, ja samana vuonna levytettiin laulajan tunnetuin soolokappale *Rinteen poika*. Vuonna 1968 Rautio sijoittui kolmanneksi Rostockin laulufestivaaleilla Rauno Lehtisen säveltämällä ja sanoittamalla kappaleella *On hetki*. Uran kohokohtiin kuuluu osallistuminen Cannesin Midem-festivaaleille Ruotsin edustajana vuonna 1969 kappaleella *Sweet Souvenirs of Stephan*. Raution suomenkielinen versio levytettiin nimellä *Kesän kauniin muistaa*. Laulusta on tullut ikivihreä. Vuonna 1986 Rautio oli solistina The

Settlemen Big Bandin albumilla. Mieluiten jazzia laulaneesta muhkean tummaäänisestä laulajasta ei koskaan tullut kansansuosikkia. Eväitä jazzlauluun kertyi opinahjossa New Yorkissa 1964-65. Jazzia Rautio esitti mm. Old House Jazz Clubilla eli Mäyränkolossa. Hän lauloi ammattimaisesti seitsemän vuotta, mutta on senkin jälkeen esiintynyt satunnaisesti tälle vuosituhannelle saakka.

Suosittelen kuunneltavaksi:

Blue Monk, Miks ei hän olla saa niin kuin haluaa, Kesän kauniin muistaa, Nousevan auringon talo, Rinteen poika, Tulen jälkeen

Raya (s. 1947)

Lassi Kossilan yhtyeen solistina vuonna 1967 keikkailun aloittanut Raya oli mukana Danny Show -kiertueella vuonna 1969, jolloin ilmestyi myös laulajan ensimmäinen single *Syliis saat mun puristaa/Pois tieni kääntyy*. 1970-luvulla Raya oli mukana Tampereen Popteatterin musikaaleissa *West Side Story* ja *Jesus Christ Superstar*. Hän lauloi myös mm. yhtyeissä Matthews, Apostolit, Woodoo ja Super-Suikkis. Vuonna 1974 ilmestyneen Raya & Bestsellers Orchestran singlen A-puolen kappale *Mies, joka myi maailman* oli käännösversio David Bowien hitistä *The Man Who Sold the World*. 1970-luvun lopulta alkaen Raya esiintyi musiikkinäytelmissä Seinäjoen ja Jyväskylän kaupunginteattereissa. 1990-luvulla hän teki ääninäyttelijän rooleja mm. piirroselokuviin *Leijonakuningas* ja *Mulan*.

Suosittelen kuunneltavaksi:

Aquarius/Let the Sunshine in, Euroopan laulu, Harhaa, Mies joka myi maailman, Pois tieni kääntyy, Suostun kun rock'n roll soi, Syliis saat mun puristaa

Virve "Vicky" Rosti (s. 1958)

1970-luvulla Suomessa oli kaksi artistia, jotka taisivat ja tiesivät muita paremmin, miten discomusiikkia lauletaan: Markku Aro ja Vicky Rosti. Monien laulajien yritykset kuulostivat discohumpalta, mutta Aron ja Rostin parhaissa levytyksissä soi discosoul. Virve Rosti on toki levyttänyt paljon muutakin. Hänen särmikäs äänensä sopii iskelmää paremmin rock- ja popmusiikkiin. Hän voitti vuonna 1974 Suomen Iskelmälaulumestaruuskilpailut ja pääsi sen jälkeen mukaan Dannyn kesäkiertueelle. Seuraavana vuonna julkaistun ensisinglen B-puolen kappale *Kun Chicago kuoli* nousi listaykköseksi ja oli yksi vuoden 1975 suosituimmista kappaleista. Myös ensimmäinen pitkäsoitto ilmestyi samana vuonna. Toinen albumi nimeltä *1-2-3-4 Tulta!* oli suuri menestys. Sitä myytiin yli 50 000 kappaletta. Koko 1970-luvun loppu jatkui työntäyteisenä kiertueineen ja levytyksineen, mutta vuosikymmenen taitteen jälkeen Vicky perusti perheen ja vietti hiljaiseloa laulamisen saralla. Paluu tapahtui näyttävästi Suomen euroviisuedustajana kappaleella *Sata salamaa* vuonna 1987. Laulusta tuli vähitellen yksi suosituimmista euroviisuedustuskappaleistamme. Vuonna 1991 Virve Rosti liittyi Menneisyyden vangit -yhtyeeseen, joka nimensä mukaisesti esittää nostalgista bilemusiikkia. Iskelmä-Finlandialla laulaja palkittiin vuonna 2019.

Suosittelen kuunneltavaksi:

Antaudun, Disco Dan, Eletään, Ei oo helppoo olla nainen, Elämä kantaa, En ole maalla ollut koskaan, Jolene, Jorkan lähtö, Kaatumaan ei laiva jouda, Koditon, Koputa puuta, Kun nuori on, Luokses viimein jään, Menolippu, Nyt aika on, Näinkö aina meille täällä käy, Oi mikä yö, Oon voimissain, Pistin pennit jonoon, Riisu pois jo arkipaita, Sain yön, Soita kelloain, Sun mä aina oon, Sydämeen kirjoitettu, Talven tullen, Tunnen sen täysillä taas, Tuolta saapuu Charlie Brown, Viimeinkin, Yön helmaan, Äiti laita avain paikkaan entiseen

Marion Rung (s. 1945)

Mittavan levytysuran lisäksi Marion on esiintynyt kansainvälisissä laulukilpailuissa, teatterimusikaaleissa ja ravintolashow-estradeilla. Ura käynnistyi vuonna 1961 Marionin sijoituttua toiseksi Suomen iskelmälaulukilpailuissa, minkä seurauksena hän pääsi levyttämään ensimmäisen singlensä *Brigitte Bardot/Mexico*. Läpimurto tapahtui seuraavana vuonna, kun laulaja pääsi edustamaan Suomea Eurovision laulukilpailuihin kappaleella *Tipi-tii*. Laulukilpailuista eniten menestystä ovat tuoneet voitto Bulgariassa vuonna 1968, Parhaan esiintyjän palkinto Japanissa Yamahan laulufestivaalilla vuonna 1974, voitot Sopotissa vuosina 1974 ja 1980, Syksyn Sävel -kilpailun voitto vuonna 1977 sekä Eurovision laulukilpailujen kuudes sija kappaleella *Tom tom tom* vuonna 1973. Estradikokemusta Marion sai 1960-luvulla musikaalirooleistaan Svenska Teaternissa ja Hämeenlinnan Kaupunginteatterissa. Siltä pohjalta oli luontevaa liittyä niihin uranuurtajiin, jotka tarjosivat showesityksiä yökerhoissa. Marionin levytysuran huippuvuodet käynnistyivät, kun hän solmi levytyssopimuksen EMIn kanssa. Ensimmäinen EMI-albumi oli teemalevy, joka sisälsi

hepreaksi ja jiddišiksi laulettuja juutalaislauluja. Kokonaisuus toi esille artistin eläytymiskyvyn ja herkkyyden. 1970-luvulla pitkäsoittoja ilmestyi vuosittain. Seitsemän niistä ylsi kultalevymyyntiin, ja *El Bimbo* -albumi myi myös timanttia. Menestys poiki levytyksiä ulkomaillakin: Saksan liittotasavallassa Marion levytti 11 kappaletta, joista tunnetuin on vuonna 1974 levytetty *El Bimbo*. Lontoossa hän levytti *Love Is...* -nimisen albumin vuonna 1978. Marionin ura on jatkunut yli 60 vuotta. Tutut hitit ja lämpimän valoisa karisma ovat löytäneet yleisönsä.

Suosittelen kuunneltavaksi:

Aamuun on aikaa tunti vain, Aina aina aina, Der Bauer und sein Weibchen, En näin voi muita rakastaa, Es war mehr als ein Spiel Gino, Etsin suurta maailmaa, Fio Maravilla , Good Bye, Harlemin laulu, Hine ma tov, Jokainen päivä on liikaa, Kai oot mun, Kerran aika käy täyteen, Kerää unten voimaa, Kesä mennyt, Kesän laulu, Kuin varkaat, Kullattu valhe, Layla Layla, Lonely, Love Is, Minnen, Mississippi, Mä tulen takaisin, Niin kukkii routainen maa, Odotin sinua, Olkoon niin, Paha oot, Rakkaani, Rakkaus on ikuinen, Reissumimmi, Saniainen tie,

Tanssi loppuun rakkauden, Tien tarina, Totuuteen, Tuntematon sydämeni, Turhaan siipi maassa astelin, Uskon lauluun, Viimeinen tango Pariisissa, Yksin sun, Yks ja yks

Anneli Saaristo (s. 1949)

Laulu kuului Anneli Saariston harrastuksiin pienestä pitäen, ja hän esiintyi erilaisissa tilaisuuksissa jo lapsena. Hän kävi laulutunneilla ja osallistui muutamiin iskelmälaulukilpailuihin. Ammattimaiseksi laulaminen muuttui Saariston alkaessa esiintyä Kalevi Rothbergin yhtyeessä, jonka säestämänä ilmestyi vuonna 1978 ensisingle *Rakkauden hedelmät/Uuden aamun toivossa*. Vuonna 1980 ilmestynyt *Aina aika rakkauden* -niminen esikoisalbumi sisälsi kappaleen *Sinun kanssasi, sinua ilman*, joka oli osallistunut Syksyn Sävel -kilpailuun pari vuotta aiemmin ja tehnyt artistin tutuksi suurelle yleisölle. Kaupallinen menestys alkoi vuoden 1982 Syksyn Sävel -kilpailuun osallistuneen *Tyhjät sanat* -kappaleen ja vuonna 1984 euroviisukarsintoihin osallistuneen *Sä liian paljon vaadit* -kappaleen myötä. Voimakkaista tulkinnoistaan ja omaleimaisesta linjastaan tunnettu artisti on saavuttanut menestystä myös ulkomailla. Vuonna 1983 hän voitti Knocke Cupin parhaan solistin palkinnon ja Rostockissa vuonna 1985 parhaan artistin palkinnon. Dresdenin laulukilpailuissa vuonna 1987 sijoitus oli toinen, ja vuoden 1989 Eurovision laulukilpailuissa *La *dolce vita* sijoittui seitsemänneksi. Euroviisukappaleen nimeä kantanut albumi myi kultaa. Konserttikiertueet sekä musikaali-, operetti- ja elokuvaroolit ovat myös kuuluneet monipuolisen laulajan repertuaariin.

Suosittelen kuunneltavaksi:

Alfonsina ja meri, Andromeda, Avaruuteen, Elegia, Jos joskus, Kaipauksen rannat, Kypsän naisen blues, La dolce vita, Muistatko, Muistojen kahleet, Odottamaan turruin, Päivänlaskun aikaan, Sä liian paljon vaadit, Sä virtani vieläkin, Tuulena myrskynä rakastan, Viimeinen känni

Arja Saijonmaa (s. 1944)

Pianistiäidin tyttärenä Arja Saijonmaa oppi soittamaan pianoa varhain ja opiskeli myöhemmin mm. Sibelius-Akatemian solistilinjalla. Julkisuuteen laulaja nousi opiskeluaikoinaan Ylioppilasteatterin johtajana, ohjaajana ja näyttelijänä. Varsinkin vuoden 1966 kohuteos *Lapualaisooppera* toi näkyvyyttä tekijöilleen. Vuonna 1969 ilmestynyt ensimmäinen single *Mies/Kuumana kesänä kuudestoista tammikuuta* sisälsi kaksi Esko Linnavallin elokuvasävellystä. Pian poliittinen laululiike tempaisi Saijonmaan mukaansa, ja seuraavat levytykset tämä teki Love Recordsille. Vuonna 1970 Saijonmaa tutustui Mikis Theodorakikseen, mistä alkoi pitkään jatkunut yhteistyö kansainvälisillä areenoilla. Monipuolisen uransa aikana Saijonmaa on esittänyt mm. poliittisia lauluja, chansoneita, etnomusiikkia, tangoja ja iskelmiä. 1970-luvun lopusta alkaen hän on asunut ja esiintynyt kotimaataan enemmän Ruotsissa, jossa vuonna 1987 julkaistu *Högt över havet* -albumi on myynyt yli 200 000 kappaletta. Euroviisukarsintoihin laulaja on osallistunut Suomessa vuosina 1971 ja 1990 ja Ruotsissa vuosina 1987, 2005 ja 2019. Vuoden 1987 karsintoihin osallistunut *Högt över havet* hävisi vain pisteellä kilpailun voittajalle. Arja Saijonmaa on konsertoinut runsaasti eri maissa Bombayta ja Sydneytä myöten ja levyttänyt useita eri teema-albumeja.

Suosittelen kuunneltavaksi:

Dansa dansa, Ennen kuolemaa, Högt över havet, Jag vill tacka livet, J'ai dansé avec l'amour, Kun elämä alkaa, Kuumana kesänä kuudestoista tammikuuta, Med slutna ögon, Mies, Millioner rosor, Niin vähän on aikaa, Prospettiva Nevski, Puhu minulle rakkaudesta, Rönnen i Ural, Så vill jag älska dig, Tuska, Vad du än trodde så trodde du fel, Vi skal ikkje sova bort sumarnatta

Annika Salminen (s. 1957)

Vuonna 1973 Ego Trip -nimisessä hevibändissä keikkailun aloittanut entinen Turun musiikkiopiston oppilas Annika Salminen pääsi levyttämään ensimmäisen kerran Dead End 5 -yhtyeen solistina vuonna 1976 singlen *Kiertotähti/Kadun kuningatar*. Maaritin ja Muskan jälkeen Annika oli ensimmäisiä isommin esille nousseita naisrocklaulajia Suomessa. Dead End 5 -yhtyeen hajottua Annika julkaisi vuonna 1978 sooloalbumin nimeltä *Itseteossa*. Levyn nimikappaleen lisäksi paljon radiosoittoa sai *Enkelit heittää arpaa*, joka on käännösversio James Bond -melodiasta *Noboy Does It Better*. Kesällä 1978 Annika oli mukana levyn tuottaneen Freemanin kiertueella, mutta parin vuoden jälkeen musiikkiura jäi tauolle. Annika vetäytyi julkisuudesta ja muutti myöhemmin Ruotsiin, jossa hän on palannut musiikkikuvioihin yhtyeessä Annika Andersson & The Boiling Blues Band.

Suosittelen kuunneltavaksi:

Boogie, Enkelini, Enkelit heittää arpaa, Hot Wheels, Itse teossa, James Dean Pop, Lauantai, Little Trixter, Looking out My Window, Me 262,

Mercedes Benz, On siitä aikaa, Sokkotreffit, 20 Miles North, Yön harsot

Anneli Sari (s. 1947)

Parin menestystä tuoneen iskelmälaulukilpailun jälkeen Anneli Sari pääsi koelauluun Toivo Kärjen luo vuonna 1964. Tuolloin ilmestyneen ensisinglen A-puolella ollut *Liian nuori rakkauteen* oli käännösversio Italian voitokkaasta euroviisusta. Levytys nousi listoille ja teki 17-vuotiaasta esittäjästään tunnetun. Aluksi Sari levytti iskelmiä ja Toivo Kärjen tangoja. Vuoden 1966 jälkeen hän vaihtoi tanssilavat konsertteihin ja ravintolaesiintymisiin. Hän keskittyi mustalaismusiikkiin ja esiintyi mm. Hortto Kaalo -yhtyeen kanssa. Vuonna 1974 oli vuorossa muutto Pariisiin, jossa hän on siitä lähtien esiintynyt kotimaansa lisäksi. Hän on opiskellut laulua mm. Pariisin konservatoriossa. Sari osallistui Suomen euroviisukarsintoihin vuosina 1974 ja 1976 ja Syksyn Sävel -kilpailuun vuosina 1977-78. Vuosikymmenen lopulla levytykset muuttuivat välillä iskelmällisempään suuntaan, mutta konserttikiertueet ja show't ovat sisältäneet mm. mustalaismusiikkia, slaavilaisia romansseja, chansoneja ja kansainväistä viihdemusiikkia.

Suosittelen kuunneltavaksi:

Akaasian varjossa, Ei mitään yksin ole ihminen, Jäi suuri kaipuu, Jäähyväiset, Kaikki käy, Muistojeni ruusut, Mustalaiskaravaani, Nyt näkemiin, Näin tietäni käyn, Padan padam, Paris canaille, Pieni laulu, Poski poskea vasten, Romano choro, Samanlainen onni, Silkkiliina, Sirpale onnea, Taivas kuin vaniljaa, Tummanpunainen ruusu

Seidat

Myöhemmin enemmän säveltäjänä ja sanoitta-jana tunnettu Eeva Kiviharju (s. 1948) aloitti laulajana sisartensa Raisan (s.1945) ja Suvin (s. 1952) kanssa Seidat-lauluyhtyeessä, joka voitti vuonna 1968 Pitäjän parhaat -laulukilpailun. Trio pääsi samana vuonna levyttämään ensim-mäisen singlensä *Se alkaa - se päättyy/Elän taas uudestaan*. Keikkoja riitti runsaasti lavoilla ja ravintoloissa, ja näkyvyyttä toi myös muka-naolo Danny-, Spede- ja Kivikasvot-show'ssa. Vuonna 1973 ilmestyi *Seidat*-niminen albumi. Levyn soitetuin kappale oli edellisenä vuonna singlenäkin julkaistu *Sumu*, joka on laulettu versio kansainvälisestä *Popcorn*-instrumentaa-lihitistä. Seidat esiintyi jonkin verran myös ul-komailla, mm. Sveitsissä, Israelissa ja Meksi-kossa. Eeva Kiviharju on osallistunut euroviisu-karsintoihin säveltäjänä ja sanoittajana useam-man kerran. Ensimmäisellä kerralla vuonna 1977 hän lauloi itse kappaleensa *Palokankaan Maikki*. Kaksi vuotta myöhemmin Seidat oli mukana kappaleella *Hei tännepäin*. Lisäksi Paula Koivuniemi ja Marjorie ovat olleet mu-kana viisukarsinnoissa Kiviharjun tekemillä kap-paleilla. Seidat lopetti esiintymiset vuonna

1982, jolloin yhtyeeltä ilmestyi vielä albumi nimeltä *Seidat*. Tämän jälkeen musiikin parissa jatkoi vain Eeva Kiviharju, joka on toiminut musiikinopettajana sekä säveltänyt ja sanoittanut lauluja eri artisteille.

Suosittelen kuunneltavaksi:

Kuinka voit sä kaukomailla, Kukat kun kukkivat, Miksi ei, Se alkaa - se päätyy, Sen kaiken vielä muistan, Sumu

Helena Siltala (1930-2022)

Vuonna 1953 Ossi Aallon yhtyeen solistina esiintymiset aloittaneen Helena Siltalan ensimmäinen levytys *Mambo-mambo, kuu on kirkas/Ei auta lainkaan* ilmestyi vuonna 1955. Yhteistyö Erik Lindströmin kanssa teki laulajasta yhden jazziskelmän keskeisistä artisteista. Tuloksena syntyivät sellaiset ikivihreät kuin *Etkö uskalla mua rakastaa, Ranskalaiset korot, Tuuli tuo tuuli vie* sekä *Pikku midinetti*, joka saavutti kultalevymyynnin vuonna 1958. Jazziin keskittynyt Siltala esiintyi myöhemmin mm. miehensä Rolf Kronqvistin kvintetin, Jaso Big Bandin, Happy Swing Bandin ja Olli Ahvenlahden TV-orkesterin solistina. Viimeinen sooloalbumi *Haaveita* ilmestyi vuonna 2008.

Suosittelen kuunneltavaksi:

Charade, Du var min, En unta saa, Etkö uskalla mua rakastaa, Kaunis rakkaus, How Insensitive, Kuiskaa minulle, Left Alone, Mies ja piippu, Pikku midinetti, Ranskalaiset korot, Sydämeni ei leiki, Yön väistyessä

Seija Simola (1944-2017)

Seija Simolan levytysura käynnistyi vuonna 1966 singlellä *Kaupungin valot/Kun hämärtää*. Hän oli jo tätä ennen keikkaillut parin tanssiyhtyeen solistina. Vuonna 1969 ilmestyivät ensimmäiset enemmän huomiota herättäneet levytykset *Sulle silmäni annan, Rakkaus kasvoista kasvoihin, Kun aika on ja Näkemiin (Aranjuez, mon amour)*. Varsinkin *Sulle silmäni annan* ja vuotta myöhemmin ilmestynyt *Maritza* soivat usein radiossa noihin aikoihin, ja niistä on myöhemmin tullut klassikkoja. Simola ei ollut omimmillaan tavallisen perusiskelmän parissa. Hän lauloi monipuolisesti laulelmia, vahvoja balladeja, bossanovaa ja lauluyhtye Fyrkan kanssa myös jazzahtavaa aineistoa. Simolan äänessä on sekä lyyristä herkkyyttä että voimakasta tulkintaa. Hän ei juurikaan tehnyt tanssilavakeikkoja, ja hän vetäytyi estradeilta siinä vaiheessa, kun yökerho- ja ravintolashow-tyyliset esiintymispaikat katosivat 1980-luvun edetessä. Herkkiin laulelmiin Simola pääsi keskittymään vuonna 1979 ilmestyneellä albumillaan *Katseen kosketus*, joka sisälsi suomalaisten lyyrikkojen ja sanoittajien tekstejä. Elämään on jäänyt myös vuonna 1977 julkaistu musikaali-melodia *Et itkeä saa Argentina*. Viimeiseksi jääneellä vuonna 1986 ilmestyneellä *Seija*-nimisellä pitkäsoitollaan laulaja pääsi levyttämään itselleen mieleistä Esa Kaartamon säveltämää materiaalia. Joukossa oli mm. bossanovaa ja bluesia. Seija Simola sanoitti muutamia itse laulamiaan käännösiskelmiä. Tunnetuimmasta päästä ovat kappaleet *Fernando, Juna Turkuun, Nyt alun uuden nään, Ring ring, ja Waterloo.*

Suosittelen kuunneltavaksi:

Dio come ti amo, Elämys kirkas oot, Et itkeä saa Argentina, Jääthän huomiseen, Kaikki aikanaan, Kaipaus New Orleansiin, Kesytetty, Kauniit lauseet, Kun aika on, Laulu kuolleesta rakastetusta, Maria Magdalena, Maritza, Nuo hetket riittää, Näin tää vain on, Näkemiin, On eilinen pois jo mennyt, Onko mahdoton, On rakkauteen askel vain, Rakkaus kasvoista kasvoihin, Rakkaustarina, Sateenvarjo, Satutat mua, Sulle silmäni annan, Syliin sun, Tunne, Tunteen sain, Vaahteroiden kaupunkiin, Vaikka kaiken menetin

Ritva Simuna (s. 1936)

Helsingissä vuonna 1957 järjestetyn iskelmäkilpailun toinen sija avasi ovet levytysstudioon Ritva Simunalle. Ensimmäinen levytys oli nimeltään *Ilta kun saa/Kyyneleitä*. Eero Väreen yksityistuntien jälkeen Simuna opiskeli laulua Hämeenlinnan musiikkiopistossa ja aloitti keikkailun Unto Saarisen yhtyeen solistina. Myöhemmin hän vieraili solistina mm. Kurt Lindholmin, Matti Heinivahon ja Veikko Huuskosen yhtyeissä. Ritva Simunalle kohdalle ei osunut suuria hittejä. Hän levytti kappaleita, jotka nousivat useimmiten esiin myös jonkin toisen artistin tekemänä. Viimeinen levytys ilmestyi vuonna 1962, ja keikkaelämään kyllästynyt laulaja lopetti esiintymiset vuonna 1966.

Suosittelen kuunneltavaksi:

Huokauksia, Ilta kun saa, Kaikki muuttuu, Kenties, Kitara ja meri, Kun hämärtää, Novgorodin ruusu, Näin ehkä käydä voi, Pieni kukkanen, Piove, Sininen kuu, Sonya, Yön väistyessä

Tuula Siponius (s. 1940)

Tuula Siponiuksen ensimmäinen julkinen esiintyminen tapahtui viisivuotiaana Markus-sedän radio-ohjelmassa. Musiikkiopistossa laulua opiskellut laulaja pääsi 15-vuotiaana mukaan Kotkan kaupunginteatterin operettiin Kreivitär Maritza. Musiikki Fazerin iskelmälaulukilpailujen kautta ovet aukenivat levytysstudioon, ja vuonna 1957 ilmestyi ensimmäinen single *Persialaisella torilla/Karavaani*. Seuraavana vuonna ilmestyi kappale *Iloinen Amsterdam*, joka teki laulajastaan tunnetun. Levytyksiä syntyi ahkerasti vuosina 1957-61, ja tuona aikana Siponius keikkaili mm. Jorma Weneskosken yhtyeen solistina. Laulaminen oli kuitenkin sivutoimista varsinaisen työpaikan ollessa Musiikki Fazerin levyosastolla. 1970-luvulla Siponius levytti kappaleita eri hittikokoelmille ja toimi taustalaulajana levytysstudiossa. Vuonna 1973 ilmestyi single *Mamma Mia/Eviva Espanja*.

Suosittelen kuunneltavaksi:

Alla tropiikin tähtien, Iloinen Amsterdam, Ilta Tangerissa, Karavaani, Kotiseutu pohjolassa, Kuutamouintia, Päivin öin ja illoin, Rum and Coca Cola, Supi-supi-suu, Tom Pillibi, Usvaan

aamun päivä uusi syntyy, Vasten auringon sil-
taa

Maynie Sirén (1924-2003)

Lukion jälkeen aloitetut kitaratunnit ja lauluopinnot Suomessa ja Pariisissa siivittivät Maynie Sirénin tietä ammattimaiseksi laulajaksi. Ruotsinkielinen ensilevytys ilmestyi vuonna 1951. Suomenkielisistä levytyksistä tunnetuin on Valto Laitisen säveltämä *Kun syksy saapuu Helsinkiin* vuodelta 1957. Myydyin levytys on vuonna 1961 ilmestynyt *Iwan Iwanowitsch*. Yhteensä levytettyjä lauluja ilmestyi noin 90 kappaletta. 1950-luvun lopulla Sirén lauloi George de Godzinskyn johtaman Yleisradion viihdeorkesterin solistina. Tuon ajan esityksistä jäi talteen monia kantanauhatallenteita. Laulaja kiersi esiintymässä myös ulkomailla ainakin Pohjoismaissa, Ranskassa ja Itävallassa. Vuonna 1957 hän osallistui Moskovan kansainvälisiin laulukilpailuihin voittaen iskelmäsarjan ja sijoittuen toiseksi kansanlaulusarjassa. Yleisradion viihdeorkesterin lopetettua 1960-luvun alussa Maynie Sirénin ohjelmisto alkoi painottua laulelmiin. Hän esiintyi uransa varrella useiden eri yhtyeiden solistina, mutta säesti itseään välillä myös pelkällä kitaralla. Viimeiset levytykset ilmestyivät vuonna

1978 yhteistyönä aviomies Einar Englundin kanssa albumilla *Visor från Svensk-Finland*.

Suosittelen kuunneltavaksi:

Haave, Höstens sång, Kun syksy saapuu Helsinkiin, Liian onnellinen, Luonasi oli aina niin ihanaa, Minns du Monrepos? Nyt jää hyvästi vain, Sateenkaaren tuolla puolen, Sulle kauneimman lauluni laulan

Anneli Sistonen (s. 1944)

Temperamenttinen ja särmikäs Anneli Sistonen aloitti 1960-luvun puolivälissä päätoimisen keikkailun, mutta oli tullut tunnetuksi jo 50-luvun lopulla RockAnssina, yhtenä Suomen ensimmäisistä naisrocklaulajista. Myöhemmin Sistonen keskittyi jazziin perustettuaan naismuusikoista koostuvan yhtyeen. Hän esiintyi ja levytti myös Martin Brushane Big Bandin solistina. Työntäyteisen 1970-luvun jälkeen Anneli Sistonen väsyi keikkailuun ja vetäytyi alalta vuonna 1984.

Suosittelen kuunneltavaksi:

Kadun aurinkoisella puolella, Lullaby of Birdland, Puukko-Mackie, St. Louis Blues, Sweebe Deebe, When You're Smiling

Sinikka Sokka (s. 1948)

Näyttelijänä päätyönsä tehnyt Sinikka Sokka muistetaan laulajana parhaiten poliittisen lauluiikkeen lippulaivana purjehtineesta Agit Prop -yhtyeestä. Hän esiintyi jo lapsena radiossa ja televisiossa. 1960-luvulla Sokka oli mukana Sinkat- ja Muksut-lauluyhtyeissä, ja 1970-luvun alussa alkoi pitkä taival Agit Propin riveissä. Ensisingle *En tahdo muistaa/Kauneimmat* aamut ilmestyi vuonna 1968. Soololevytyksistä soitetuimmat ovat *Radiolaulu, Kipakan akan kehtolaulu* ja *Minä kaipaan Espalle takaisin*. Sokka on tehnyt musikaalirooleja mm. Helsingin Kaupunginteatterissa, Tampereen Teatterissa, Tampereen Työväen Teatterissa ja Musiikkiteatteri Palatsissa. Hän on tehnyt myös äänirooleja Disneyn piirrettyihin.

Suosittelen kuunneltavaksi:

En tahdo muistaa, Kipakan akan kehtolaulu, Laulu, Maantien laidassa vinkkelitalo, Minä kaipaan Espalle takaisin, Radiolaulu, Sinun kanssas, Viini

Nisa Soraya (s.1957)

Birminghamissa syntynyt ja Singaporessa varttunut Nisa Soraya aloitti keikkailun 15-vuotiaana. 1970-luvun lopulla hän liittyi TeePees-yhtyeeseen, joka levytti ja esiintyi televisiossa Singaporessa. Yhtye lähti kiertueelle Eurooppaan, ja kesällä 1979 Nisa Sorayan ja Markku Aron tiet kohtasivat Turussa. Soraya houkuteltiin asettumaan Suomeen, jossa hän alkoi esiintyä yhdessä Markku Aron kanssa. Ensimmäinen soolosingle ilmestyi vuonna 1980, mutta varsinainen läpimurto tapahtui seuravana vuonna, kun Nisa ja Markku Aro osallistuivat euroviisukarsintoihin kappaleella *Mun suothan tulla vierees sun*. Vuonna 1982 ilmestyi pitkäsoitto, jonka tunnetuimmat kappaleet ovat *Helsingissä sataa, Huone 105* ja *Kiiruhda hiljaa*. Vuosina 1984 ja 1985 Soraya osallistui Kevään Sävel -kilpailuun. Vuoden 1985 ehdokas oli *Anna rakas raju hetki*, josta on vuosien varrella muodostunut hitti. 1980-luvulla Nisa Soraya keikkaili soolona Suomessa ja TeePees-yhtyeen kanssa Euroopassa. 1990-luvulla hän teki yhteistyötä Dannyn kanssa. 1980-luvun jälkeen levytyksissä oli pitkä tauko, mutta vuonna 2015 ilmestyi *Saunasamba*-single, ja vuonna 2020

Soraya pyrki mukaan UMK-kilpailuun Drag Factor Finland -kokoonpanon kanssa.

Suosittelen kuunneltavaksi:

Anna rakas raju hetki, First Be a Woman, Helsingissä sataa, Huone 105, Kiiruhda hiljaa, Kotiin, Mun suothan tulla vierees sun, Ota vaan, Queen of the Night, Saunasamba, Silti sattuu, Singapore, Twilight Children

Tiitta Spout (s. 1954)

Vantaan musiikkiopistossa ja Oulunkylän Pop Jazz opistossa opiskellut Tiitta Spout olisi päässyt Erkki Pällin suosiollisella tuella levyttämään jo 1960-luvun lopulla, mutta hän tahtoi siinä vaiheessa laulaa vain englanninkielistä materiaalia ja suunnitelmat jäivät siihen. 1970-luvulla Spout tutustui Dave Lindholmiin ja oli mukana tämän levyillä ja keikoilla. Vuonna 1974 ilmestyneelle Isokynä Lindholm & Orfeus -kokoonpanon *Musiikkia*-nimisellä albumille Spout lauloi *Kaunis*-nimisen dueton Lindholmin kanssa. Soololevytyksinä ilmestyi kaksi singleä vuosina 1974 ja 1976. 1980-luvulla Spout oli mukana eri projekteissa mm. Heinäsirkan, Liisa Akimoffin, Elisa Korjuksen, Kauko Röyhkän ja Mikael Wiikin kanssa. Hän esiintyi myös kokoonpanoissa Suomen Naiset Allstars ja Pikku Naisia.

Suosittelen kuunneltavaksi:

Kaunis, Lapsi tuulen, Linnut laulaa niin kuin ennenkin, Niin kuin eilen, Sataa & 22

Inga Sulin (s. 1945)

Inga Sulinin laulajanura alkoi 17-vuotiaana, kun hän voitti Nokialla järjestetyn laulukilpailun. Sen jälkeen hän alkoi keikkailla eri yhtyeiden solistina. Ensimmäinen single *Etsin kesän tuulta/Kaunis Cassius* ilmestyi vuonna 1965, ja vuonna 1968 ilmestyi pitkäsoitto nimeltä *Niin kuin jokainen*, jonka nimikappaleella Sulin osallistui saman vuoden euroviisukarsintoihin. Inga Sulin on esiintynyt televisiossa, elokuvissa ja teattereissa sekä laulajana että näyttelijänä. Hänen tunnetuimpia kappaleitaan on Rauno Lehtisen säveltämä *Kevätkoivu*, joka tuli tutuksi elokuvasta *Vodkaa, komisario Palmu* (1969). Inga Sulinin pehmeä ja teknisesti taipuisa ääni sopii varsinkin bossanovaan ja ikivihreisiin, joita löytyy albumilta *Feelings* (1976). Samoihin aikoihin hän teki yhteistyötä Pirjo ja Matti Bergströmin kanssa. Tuloksena ilmestyi *Zoom*-niminen pitkäsoitto, jolla on aineksia jazzista, bluesista, kansanmusiikista ja kokeellisesta musiikista. 1970-luvun jälkeen Sulin on keskittynyt enemmän rooleihin teatterissa ja televisiossa.

Suosittelen kuunneltavaksi:

Alfie, Dindi, Hassu homma, Kaiken, Kesäyö, Kevätkoivu, Kun aika on, Kun saavun Ouluun, On yö tehkää tilaa, Rakkaustaika, Studio etude no 1, Tähtisumua, Tämän kaupungin yöt, Vuoropuhelu

Saara Suvanto (1959-99)

Ensimmäisen oman kappaleensa jo kolmevuotiaana tehnyt Saara Suvanto hankki kitaran 14-vuotiaana ja opiskeli instrumentin omin päin. Ensimmäinen single *Kilimanjaro/Et syntynyt pojakseni* ilmestyi omakustanteena vuonna 1985. Ahkera demonauhojen lähettäminen levy-yhtiöihin palkittiin pari vuotta myöhemmin, ja *Saara Suvanto* -niminen albumi ilmestyi vuonna 1987. Rosoinen ääni jakoi mielipiteet, mutta herätti ansaittua huomiota. Suvannon laulussa oli ripaus Janis Joplinia. Häneltä ilmestyi kaksi muutakin pitkäsoittoa vuosina 1989 ja 1992. Monet lauluista olivat laulajan itsensä säveltämiä ja sanoittamia. Terveydellisten ongelmien vaivaama Suvanto menehtyi 40-vuotiaana vuonna 1999.

Suosittelen kuunneltavaksi:

Elintason juurakot, Et syntynyt pojakseni, Kaikki tai ei yhtään mitään, Kissat ja koirat ja linnutkin, Lähellä sydäntäni, Näytä niille Pekka, Ruman rajun Raija rouvan rokki, Viimeinen motelli, Älä tuu

Meiju Suvas (s. 1959)

Temperamenttinen Meiju Suvas opetteli pianonsoittoa äitinsä opastuksella neljävuotiaasta alkaen. Myöhemmin piano-opinnot jatkuivat musiikkiopistossa, ja rinnalla kulkivat myös rumpujensoitto, baletti sekä kuorolaulu. Vuonna 1979 alkaneiden laulutuntien pohjustamana Meiju päätyi koelauluun ja sai levyttää singlen *Rakastuneet lapset/Jos pyydät yöksi*, joka ilmestyi vuonna 1981. Seuraavat pari vuotta hän kiersi Frederikin taustalaulajana. Vuonna 1982 ilmestynyt *Tahdon sinut* nousi listoille, ja laulajan nimeä kantanut ensialbumi myi platinaa. Uran suurin hitti, *Pure mua* ilmestyi vuonna 1991. Suosio on jatkunut pitkään tasaisena, ja Meiju ollut ollut mukana myös monissa musikaaleissa ja musiikkinäytelmissä. Vuonna 2017 Meiju palkittiin Vantaan kulttuuripalkinnolla.

Suosittelen kuunneltavaksi:

Aikuinen nainen, Annan palaa vaan, Kova duuni on rahaa, Kuuban rannoilla, Kuumaan tanssiin, Levi's-kesä, Mahdollisuus, Missä milloin vaan, Moliendo Café, Muukalainen, Palaat luoksein mun, Playing with the Fire, Pure mua, Pyjamas päälle mä paan, Rakkauden muistomerkki, Suo-rinta tietä, Syttymään saat liekin, Tule tälle täh-delle, Tulit niin kuin laiva, Viet itsekontrollin, Villivarsa, Yksi ja ainut

Taiska (s. 1955)

Nuorena pianonsoittoa konservatoriossa opiskellut, laulutunneilla käynyt ja rummuistakin innostunut Taiska on tehnyt päätoimisen uransa teatteriohjaajana. Vuoden 1975 Iskelmälaulumestaruuskilpailun voiton jälkeen levytetystä *Mombasasta* on tullut klassikko. Myös vuoden 1976 Syksyn sävel -kilpailuun osallistunut *Haltin häät* soi edelleen radiossa. Taiska teki showkiertueita kumppaninsa Arto Sotavallan kanssa ja edusti Suomea vuonna 1977 Yamahan sävellyskilpailussa kappaleella *Boogiemies*. Hän osallistui interviisukarsintoihin vuonna 1978 kappaleella *Miksi näin* ja euroviisukarsintoihin vuonna 1981 kappaleella *Hiroshima*. Neljä albumia vuosina 1977-82 julkaissut Taiska aloitti opinnot Teatterikorkeakoulussa vuonna 1986 ja jätti laulamisen pitkäksi aikaa. Matalalla profiililla estradeille palannut artisti julkaisi singlen *Saat saattaa mua/Prätkä ja tie* vuonna 2005, ja vuonna 2011 ilmestyi *Hitit*-niminen kokoelmalevy. Viimeisimmät singlet ovat vuosilta 2016-17.

Suosittelen kuunneltavaksi:

Aamulla yksin, Ajan hammas, Anna lämpösi loistaa, Etsin tietä itseeni, Haltin häät, Hiroshima, Ihmemaa, Kielletyt käskyt, Lahjan sain, Maailman ääriin, Marenkiranta, Moi moi vaan, Miksi näin, Mombasa, Muisto, Omin päin, Ovensuu, Prätkä ja tie, Rannalla, Ruusu, Saat saattaa mua, Tahdon rakastella sinua, Tule

Wiola Talvikki (s. 1934)

Toivo Kärjen haettua jäsentä lauluyhtyeeseen Wiola Talvikki osallistui koelauluun. Kärki piti kuulemastaan, ja suosittelikin laulajaa solistiksi Onni Gideonin yhtyeeseen, jossa sai laulaa englanninkielistä jazzia. Yksi vuonna 1956 ilmestyneistä ensilevytyksistä oli *Lullaby of Birdland* -klassikko. Wiola Talvikki esiintyi viikottain *Music Music Music* -televisio-ohjelmassa ja oli mukana vuoden 1959 elokuvassa *Iskelmäketju*. Laulu-ura kotimaassa jäi melko lyhyeksi, sillä laulaja muutti Lontooseen tulevan puolisonsa kanssa vuonna 1960. Muutaman hiljaisen perhe-elämään keskittyneen vuoden jälkeen Wiola Talvikki palasi musiikin pariin vuonna 1968. Hän esiintyi Isossa-Britanniassa televisiossa ja yökerhoissa ja oli mukana Tom Jonesin kiertueella Australiassa, Afrikassa, Karibialla, Kaukoidässä ja Yhdysvalloissa. Hän myös käänsi Toivo Kärjen lauluista englanninkielisiä versioita laulettavakseen. Uransa kohokohtana laulaja pitää esiintymistä presidentti Jimmy Carterille Glen Miller Bandin säestyksellä. Viimeisin levytys on Wiola Talvi -nimellä julkaistu *Yours*-albumi, joka ilmestyi vuonna 1989. Musiikkiarkisto myönsi laulajalle vuonna 2020 Suomen

Jazzlegenda -palkinnon, ja samana vuonna ilmestyi kokoelmalevy *Wiola Talvikki – Jazzvokalismia 1956-1960*.

Suosittelen kuunneltavaksi:

All Too Soon, Amado mio, Damaskon yössä, Att vara kär, Ei koskaan sunnuntaina, Green Door, Hän nyt jo toisen orjaksensa saa, I Concentrate on You, I Cover the Waterfront, I've Got You Under My Skin, I've Got My Love to Keep Me Warm, Kun tuuli huokaa, Kuolleet lehdet, Let Me Go Lover, Love for Sale, Love Is Here to Stay, Lullaby of Birdland, Mambo bacan, Muistatko, Night and Day, Syömmessäin rakkaus on, Vems lilla vän är du, You Go to My Head

Irma Tapio (s. 1946)

Irma Tapion ensimmäiset julkiset esiintymiset tapahtuivat radiossa Markus-sedän lastentunneilla ja Mirri-tädin lastenohjelmissa. Televisiossa hän piipahti laulamassa jo 1950-luvun lopulla ystävänsä Mirja Klemin kanssa, mutta varsinkin 1970-luvulla hän tuli tutuksi musiikkiohjelmien ja -kilpailujen taustalaulajana. Levytysstudioissa hän vieraili taustalaulajana lähes 5000:ssä levytyksessä. Irma Tapio on laulanut useissa eri kokoonpanoissa, joista Pirkan Neitojen kanssa ilmestyi vuonna 1965 single *Iso lintu merikotka/Autio talo*. Muita Tapion lauluyhtyeitä ovat olleet mm. Fantastic Four, Kodin kynttilät, Lasaset, Lauluyhtye Donnat ja the Sixties Blondies. Myös kuoromusiikki on kuulunut laulajan repertuaariin mm. Radion sinfoniakuorossa, Meilahden motettikuorossa ja Savonlinnan oopperajuhlakuorossa. Taustalaululevytysten lomassa tehtyjä soololevytyksiä ei ole kovin paljon. Vuonna 1978 ilmestyi pitkäsoitto nimeltä *Ihmiseltä ihmiselle*, joka sisältää gospel- ja laulelmahenkistä viihdemusiikkia. Vuonna 1976 ilmestyneellä singlellä Irma Tapio lauloi Maija Hapuojan kanssa *Jos et tuu* -nimisen käännösversion Israelin euroviisusta *Emor shalom*, ja seuraavana vuonna sama kaksikko levytti lastenlaulualbumin *Hopoti hopoti*. Lisäksi Tapio on levyttänyt eri kokoelmalevyille coverversioita tunnetuista kappaleista, kuten vuoden 1976 Itävallan euroviisun nimellä *Pieni on mun maailmain*.

Suosittelen kuunneltavaksi:

Iltalaulu, Jos et tuu, Leikit ihmisien, Pieni on mun maailmain, Syvä hiljaisuus

Liisa Tavi (s. 1956)

Liisa Tavi lauloi jonkin aikaa Agit Prop -yhtyeessä vuodesta 1976 alkaen. Syksyllä 1977 hän esiintyi Bob Dylanin lauluihin pohjautuvalla kiertueella itseään kitaralla säestäen. Vuonna 1979 ilmestyneen ensisinglen kappale *Lasta ei saa tukuttaa* sai hyvät arvostelut television Levyraadissa ja toi esittäjälleen paljon julkisuutta. Vuonna 1981 ilmestyneen kolmannen albumin avausraidasta *Jäähyväiset aseille* tuli Tavin uran tunnetuin kappale, joka istui hyvin kylmän sodan aikaan rauhanmarsseineen. Liisa Tavin tuotannossa painottuvat lyriikka ja folkhenkinen inhimillisyyden eetos. Laulaja on säveltänyt ja sanoittanut myös itse tuotantoaan. Vuonna 1994 Helsingin Sanomien kulttuuritoimitus valitsi *Ihmeiden aika* -albumin vuoden parhaiden levyjen joukkoon. Levy sisälsi useita Tavin omia sävellyksiä ja sanoituksia. Vuonna 2002 ilmestynyt pitkäsoitto *Vaeltava sydän* koostui brasilialaisesta musiikista. Levyllä vierailivat duettopareina Anneli Saaristo ja levyn tuottanut Otto Donner.

Suosittelen kuunneltavaksi:

Anna kätes, Ei suru jää, Elämälle kiitos, Häädetty, Jäähyväiset aseille, Kaupunki, Kuinka paljon ihminen tarvitsee maata, Kun palaan nuoruuteeni, Kuu, Lasta ei saa tukuttaa, Levoton taival, Love Is All, Maaliskuun sade, Miten käy, Mustat kyyneleet, Naamiot, Niin se käy, Nopea talven valo, Onnen varjokuvat, Pimeys, Punainen kuu, Sua aina rakastan, Suuri hiljaisuus, Suuri kaipuu, Syksyisemmät päivät, Tosirakkauden samba, Uuteen aamuun taas, Vaeltava sydän, Voit vielä etsiä, Vuokses uskallan

Vera Telenius (1912-91)

Nuorena aluksi mandoliinia soittanut Vera Telenius vaihtoi instrumentiksi viulun, jota hän soitti mm. Tampereen Työväen Orkesterissa. Musiikki pysyi pitkään harrastuksena, kunnes 1970-luvun alussa Telenius alkoi vierailla poikansa Antin yhtyeen solistina. Eräällä Tampereen Teatteriravintolan keikalla toimittaja kuuli laulajaa ja innostui tekemään tästä TV-ohjelman. Pian tämän jälkeen 62-vuotiaalta Teleniukselta ilmestyi ensimmäinen albumi *Yön laulajatar* vuonna 1974. Kolme ensimmäistä pitkäsoittoa eivät herättäneet kovin paljon huomiota, mutta keikkoja ja esiintymisiä TV:ssä ja radiossa kuitenkin riitti. Vuonna 1984 ilmestynyt albumi *Miljoona ruusua* myi timanttia. Vera Telenius teki itse nimikappaleen suomenkielisen sanoituksen. Kappaleen myötä Vera Telenius saavutti suurimman menestyksensä 72-vuotiaana, ja hänet huomioitiin Emma-palkinnolla. Laulelmien parissa viihtynyt Telenius julkaisi myös teemalevyjä. Vuonna 1979 ilmestyi *Lauri Viidan runoja* ja vuonna 1987 albumillinen Toni Edelmannin lauluja. Vuonna 1990 ilmestynyt *Niin muistan* sisälsi Elvi Sinervon lyriikkaa.

Suosittelen kuunneltavaksi:

Ala vetää vaan, Elegia, Et voi et saa, Harlekiino, Ja vuodet ne käy, Laitakaupungin lapset, Miljoona ruusua, Nocturne, Nuoruuteni on ohi, Tanssi loppuun rakkauden

Eila Torvela (1958-97)

1970-luvun loppupuolella keikkailun aloitta-neen Eila Torvelan ensimmäinen single *Perämeren helmi/Iijoen jenkka* ilmestyi vuonna 1979. Debyyttialbumi *Mä olen vapaa* valmistui vuonna 1982, ja uran suurin hitti *Hulivilityttö* osallistui Kevään sävel -kilpailuun vuonna 1984. Torvela keikkaili ahkerasti koko 80-luvun ja häneltä ilmestyi yhteensä viisi pitkäsoittoa. Seuraavan vuosikymmenen alussa hän ideoi ja juonsi television suosittua Kansanhuvit-ohjelmaa. Albumeista viimeinen ilmestyi vuonna 1997. Samana vuonna reippaiden iskelmärallien esittäjä menehtyi alle 40-vuotiaana.

Suosittelen kuunneltavaksi:

Blue Velvet, En koskaan, Hulivilityttö, Lokki, Maailmaan, Novgorodin ruusu, Nyt sataa, Olen yksinäinen, Sua vasten aina painautuisin, Vahanukke, Yksi on ylitse muiden

Arja Tuomarila (1941-2020)

Mainostelevision kuuluttajakasvona parhaiten muistettu Arja Tuomarila tuli aluksi tunnetuksi iskelmälaulajana. Vuonna 1962 hän alkoi keikkailla Erik Lindströmin yhtyeen solistina, ja samana vuonna ilmestyivät myös ensimmäiset levytykset, joista *Eso beso* ja *Kahden bossa nova* edustivat tuolloin muotiin noussutta bossanovaa. Myöhemmin Tuomarila lauloi myös Åke Sjöblomin yhtyeen solistina. Menestynein kappale oli Erkki Liikasen kanssa duettona laulettu *Manzanilla*. Aktiivinen levytysura kesti vain kolmisen vuotta. Vuonna 1976 Tuomarila levytti puolisonsa Kai Lindin ja Markuksen kanssa joulualbumin *Nyt joululunta tuiskuttaa*. Hän esiintyi myöhemminkin jonkin verran ja levytti duettoja Kaj Lindin kanssa, vaikka päätoiminen laulaminen jäi 1960-luvulle.

Suosittelen kuunneltavaksi:

Eso beso, Kahden bossa nova, Kaksi mansikkaa, Klaus-Wilhelm Kai ja Kalle, Lady Sunshine ja Mister Moon, Manzanilla

Annette Tuominen (s.1947)

Veljeään Jamppa Tuomista lyhyemmän laulu-
uran tehnyt Annette opiskeli nuorena laulua
Oulun musiikkiopistossa. Vuonna 1962 hän al-
koi laulaa Pertti Haipolan nuorisoyhtyeen solis-
tina, ja voitettuaan levy-yhtiö Scandian järjes-
tämät laulukilpailut hän solmi levytyssopimuk-
sen ja julkaisi singlen *Troikka/Alaska* vuonna
1966. Seuraavana vuonna julkaistusta *Kenen
syy* -kappaleesta tuli laulajan tunnetuin hitti.
Keikkailtuaan miehensä Juhani Sorosen yhty-
een solistina ja julkaistuaan viisi singleä Tuomi-
nen vetäytyi perhe-elämän pariin 1960-luvun
lopulla. Veljensä saavuttaman menestyksen va-
navedessä Annettekin palasi studioon ja levytti
muutaman kappaleen vuosina 1978-84 sekä ai-
noan pitkäsoittonsa vuonna 1981. Viimeinen
levytys vuodelta 1999 on Jamppa Tuomisen sä-
veltämä laulu *Kaipuuni on uskomaton*.

Suosittelen kuunneltavaksi:

*Alaska, Kenen syy, Paikka kuussa, Pustan yö,
Troikka*

Anja Tyrväinen (s. 1950)

Anja Tyrväinen tunnetaan Taljanka-yhtyeen laulajana. Hänelle ja miehelleen Timo Tyrväiselle musiikki on ollut rakas harrastus, jota on tehty suurella sydämellä päätyön ohella. Pariskunnan idea yhtyeestä syntyi 1970-luvulla. Anja kävi kielikursseilla Leningradissa ja osti matkalla runsaasti äänilevyjä. Hän käänsi suomeksi yhden näiltä levyiltä löytyneistä kappaleista. *Huopikkaat* levytettiin vuonna 1978, ja siitä tuli yhtyeen tunnetuin hitti. Taljankan ohjelmistossa kuuluvat vaikutteet monista eri kulttuureista. Anja Tyrväisen temperamentti ja äänen tummuus ovat omiaan laulelmien, slaavilaisten romanssien ja flamencovaikutteisten kappaleiden parissa.

Suosittelen kuunneltavaksi:

Elämänlangat, Granada, Huopikkaat, Imarme, Joka päivä joka yö, Juhlan huuma, Kitara ja kuu, Kuutamon poika, Muistojen Milonga, Sininen huivi, Tammi tietää

Annikki Tähti (1929-2017)

Vuonna 1950 Annikki Tähti oli harjoitellut laulamista työpaikkansa pikkujouluja varten, mutta jännitys esti lopulta esiintymisen. Työpaikan puhelinkeskusta hoitanut henkilö oli kuitenkin pitänyt kuulemastaan ja järjesti laulajalle tapaamisen George de Godzinskyn kanssa. Pari vuotta jatkuneiden lauluopintojen jälkeen Tähti pääsi tuuraajaksi Metrotytöt-yhtyeeseen sekä mukaan *Kaksi hauskaa vekkulia* -musiikkielokuvaan, joka poiki myös ensimmäisen levytyksen *Onnen sävel* vuonna 1953. Kaksi vuotta myöhemmin levytetystä kappaleesta *Muistatko Monrepos'n* tuli ensimmäinen suomalainen kultalevy ja ikivihreä. Annikki Tähti keikkaili mm. Onni Gideonin, Erik Lindströmin ja miehensä Pentti Tiensuun yhtyeiden solistina. Aktiivisinta levytysura oli 1950-luvulla, ja sen jälkeen perhe-elämään keskittynyt laulaja esiintyi ja levytti harvakseltaan. Paluu laulamisen pariin tapahtui vuonna 1978. Vuonna 2002 Tähti näytteli ja lauloi Aki Kaurismäen elokuvassa *Mies vailla menneisyyttä*.

Suosittelen kuunneltavaksi:

Arpiset haavat, Balladi Olavinlinnasta, Budapestin yössä, Ensi kerran, Hawaijin sininen hämärä, Kaunis on luoksesi kaipuu, Kotiin kun saapuisin illoin, Kuiskaten, Kuningaskobra, Lapinäidin kehtolaulu, Leikkivä kuu, Luna lunera, Manakooran kuu, Muistatko Monrepos'n, Niin paljon kuuluu rakkauteen, Pieni sydän, Rakkauskirjeitä hiekassa, Tule hiljaa, Valkovuokot

Oili Vainio (1940-2001)

Musikaalisen perheen kasvatti Oili Vainio keikkaili 1950-luvun lopulla yhtyeessä, jossa olivat mukana myös hänen veljensä. Vuonna 1960 hänestä tuli Esko Könösen orkesterin solisti. Vainion veli Taito oli Toivo Kärjen hyvin tuntema hanuristi, ja sitä kautta avautui mahdollisuus koelauluun ja edelleen levytysstudioon. Ensimmäinen single *Syksyn lehdet/Nuoruuden kultainen tie* ilmestyi vuonna 1961. Oili Vainio otti laulutunteja Eero Väreeltä ja keikkaili välillä myös tämän yhtyeen solistina. Toivo Kärki sävelsi Vainiolle monia lauluja, mutta menestynein levytys on kuitenkin vuonna 1962 julkaistu käännöskappale *Tanssin kanssasi aamuun*. Jo näihin aikoihin Vainio alkoi tehdä kokopäivätöitä Musiikki Fazerilla. Hän keikkaili vain viikonloppuisin ja julkaisi muutaman singlen vuoteen 1965 mennessä. Vuosikymmenen lopulla Toivo Kärki ideoi trion nimeltä Kolmiapila, jossa Vainion lisäksi lauloivat Sirkka Keiski ja Iris Rautio. Kokoonpanolta ilmestyi kaksi singleä vuosina 1967-68, ja se esiintyi muutaman kerran televisiossa. Viimeiset Vainion levytykset ilmestyivät vuonna 1974 päivän hittejä sisältäneillä kokoelmalevyillä.

Suosittelen kuunneltavaksi:

*En muistele sinua pahalla, Eviva Espanja, Juh-
lan jälkeen, Katso jo nousee kuu, Mene pois,
Niin, Nuoruuden kultainen tie, Pieni valkea
satu, Syksyn lehdet, Tahdon sinut takaisin,
Tango Illusion, Tämän illan tango, Valkeat hiu-
taleet*

Tarja Ylitalo (s. 1951)

Osallistuttuaan vuonna 1969 Intro-lehden järjestämään Tähtijahti-kilpailuun Tarja Ylitalo pääsi mukaan levylle, jolla kilpailun finalistit lauloivat. Ylitalon levyttämä kappale oli *Kuin silloin ennen*, jolla Jarkko ja Laura edustivat Suomea tuolloin Euroviisuissa. Ylitalo kävi monta vuotta keikoilla päätoimensa ohella, kunnes vuonna 1978 hän pääsi levyttämään ensimmäisen singlensä *Muistojen humppa/Revontulihumppa*. Seuraavan vuoden Syksyn Sävel -kilpailusta karsiutunut kappale *Kerrasta poikki* merkitsi esittäjälleen läpimurtoa. Laulu oli yksi vuoden 1980 suosituimmista, ja sitä seuranneista neljästä pitkäsoitosta kolme myi timanttia ja neljäs kultaa. Suurmenestyksen jälkeen tahti rauhoittui. Vuonna 1990 Ylitalo osallistui Syksyn Sävel -kilpailuun kappaleella *Syys surumielinen*, ja samanniminen albumi myi kultaa. Keikkailu on jatkunut, vaikka suuria hittejä ei enää olekaan syntynyt.

Suosittelen kuunneltavaksi:

Jos nyt menet pois, Jää miehes luokse, Kerrasta poikki, Kätketty sydän, Mua kuule äiti, Mä päivänsäteen näin, Neljä vahvaa tuulta, Sataman

*valot, Siellä oot, Syys surumielinen, Tuo ilta-
tähti kaukainen, Tällainen hupsu, Tänään hui-
pulla, Vaya con dios, Vierelles aina jään*

Henkilöhakemisto

Lähteet

Aho, Arja - Taskinen, Anne: Rockin korkeat korot, WSOY, 2003.

Latva, Tony - Tuunainen, Petri: Iskelmän tähtitaivas: 500 suomalaista viihdetaiteilijaa, WSOY, 2004.

Wallenius, Jarmo: Turkulainen levytalli vastasi historialliseen havinaan ilman rahinaa. Turun Sanomat 30.9. 2005.

discogs.com

fenno.musiikkiarkisto.fi

finna.fi

fi.wikipedia.org

fono.fi